Masculine *Understanding Masculine Psychology*

Masculine *Understanding Masculine Psychology*

Masculine *Understanding Masculine Psychology*

Masculine *Understanding Masculine Psychology*

신화로 읽는 남성성
He

Understanding Feminine Psychology Copyright ⓒ 1989
(as in Proprietor's edition) Published by arrangement with
HarperCollins Publishers. All rights reserved.
Korean translation copyright ⓒ 2006 by Dong-yun Publishing Co.
Korean translation rights arranged with Harper San Francisco,
through EYA(Eric Yang Agency)

이 책의 한국어판 저작권은 EYA(Eric Yang Agency)를 통한 Harper San Francisco사와의
독점계약으로 한국어 판권을 '동연출판사'가 소유합니다. 저작권법에 의하여
한국 내에서 보호를 받는 저작물이므로 무단전재와 복제를 금합니다.

신화로 읽는 남성성
he

2006년 5월 30일 초판 1쇄 발행
2021년 7월 29일 초판 7쇄 발행

지은이 로버트 A. 존슨
옮긴이 고혜경

펴낸이 김영호
펴낸곳 도서출판 동연

등 록 제1-1383호
주 소 서울특별시 마포구 월드컵로 163-3
전 화 (02)335-2630 팩 스 (02)335-2640
이메일 h-4321@daum.net

Copyrightⓒ 도서출판 동연, 2006

이 책은 저작권법에 따라 보호받는 저작물이므로 무단 전재와 복제를 금합니다.
책값은 뒤표지에 나와 있습니다.
잘못된 책은 바꾸어 드립니다.

ISBN 978-89-85467-44-1   03180

신화로 읽는 남성성

He

로버트 A. 존슨 지음 | 고혜경 옮김

동연

|차례|

- **들어가는 글** • 7

1장 **어부왕** *The Fisher King* • 11
사춘기에 들어선 왕이 뜨거운 물고기를 삼키려다 입 안에 상처를 입게 된다. 이로써 아픔으로 신음하는 어부왕이 탄생하는데, 현대인은 모두 이 어부왕과 같은 상처를 안고 있다. 어부왕처럼 성장기에 예기치 않은 곳에서 물고기로 상징되는 그리스도적인 특질을 맛보지만 이는 삼키기엔 너무 뜨겁고 잊기엔 너무 강렬해 깊은 상처로 남는다.

2장 **파르시팔** *Parsifal* • 27
순수함과 어리석음의 대명사 파르시팔. 문명의 손길이 닿지 않은 곳에서 태어나 제도적 교육이나 적절한 훈육의 기회 없이 자라났지만, 놀랍게도 그는 어부왕의 상처를 치유할 열쇠를 쥐고 있다. 이 순진한 청년이 우연히 만난 다섯 기사의 모습에 도취되어 어머니의 집을 떠난 뒤, 아더왕의 기사가 되고 모험과 시련으로 가득한 성배의 성을 향한 여정을 시작한다.

3장 **순결** *Chastity* • 53
성배를 추구하는 기사는 결코 여성을 유혹해서도, 여성에게 유혹을 당해서도 안 된다. 여기서 여성은 내면의 여성을 의미한다. 남성이 내면의 여성과 적절한 관계를 맺으면 그녀는 그를 지켜주고, 영감을 주며, 삶의 의미를 부여하지만, 내면의 여성에게 압도되면 무드에 사로잡혀 객관적인 세계와 유리된다. 순결이란 내면세계를 탐구하는 원리이다.

4장 **성배의 성** *The Grail Castle* • 69
성배의 성은 이 세상 어딘가에 존재하는 물질적인 실체가 아니다. 이 성은 비전이며 내면의 실체이고, 또 한편의 웅장하고 장엄한 시다. 파르시팔은 사춘기 시절 우연히 성배의 성에 발을 들여놓게 되지만 이 성에 머물 수는 없다. 의식적 성숙이 이 단계까지 도달하지 못했기 때문이다. 단 한 번의 경험이 너무나 강렬해 그로부터 20년간 이 성을 다시 찾으려는 기나긴 여정을 계속한다.

5장 건기 *The Dry Years* • 89
잃어버린 성배의 성을 찾으려고 장도에 오르면서 드디어 그는 파르시팔이란 이름을 갖는다. 그 이전까지 파르시팔에게는 정체성이 없었다는 의미이다. 이 단계의 진화는 완벽이 아니라 완성이나 온전함으로 나아가는 것인데 이를 위해서는 일반적으로 여성적인 것으로 간주되는 삶의 어두운 면과의 통합이 요청된다.

6장 추녀 *The Hideous Damsel* • 99
최고의 기사인 파르시팔을 치하하기 위해 아더왕의 성에서 성대한 잔치가 거행된다. 이 때 세상에서 가장 추하고 혐오스러운 추녀가 나타난다. 그녀는 파르시팔의 영웅담 뒤에 가려진 어두운 측면을 낱낱이 폭로한다. 남성이 성공의 절정을 이루었을 때 흔히 추녀가 등장하는데, 추녀는 삶의 열패감이나 무의미함을 던져준다. 추녀의 등장을 받아들이거나 환대하기는 쉽지 않지만, 남성이 개별화를 수행하는 데 있어 꼭 필요한 존재이다.

7장 성배를 향한 기나긴 여정 *The Long Quest* • 107
사춘기 시절 짧은 순간 성배의 성을 경험한 후 그 장엄하며 신비로운 성을 되찾기 위한 20년의 기나긴 여정 끝에 파르시팔은 마침내 그 성에 도달한다. "성배가 누구를 위하여 존재하는가?"라는 본질적인 질문을 던지게 됨으로써 어부왕의 상처가 치유된다. 12세기 파르시팔이 던진 이 질문은 오늘날 우리들에게도 유용한데, "삶의 구심점, 즉 삶의 진정한 의미는 무엇인가?"라는 인간의 궁극적이고 본질적인 질문이기 때문이다.

- **옮긴이의 글** • 119
- **용어 해설** • 125

| 일러두기 |

1. 이 책에 나오는 그리스 신의 이름은 그리스 원어식 표기를 따랐습니다.
2. 본문에 삽입된 '주'는 저자 주의 경우에만 '저자 주'로 표기하고, 별도 표기가 없는 것은 모두 역자 주입니다.
3. 각 장별 이미지와 해설은 역자가 붙인 것입니다.
4. 뒷부분에 수록된 <용어 해설>은 독자의 이해를 돕기 위해 역자가 첨부했습니다.

| 들어가는 글 |

역사적으로 새로운 시대가 열릴 때 흔히 새 시대를 위한 신화가 등장한다. 신화는 미래에 일어날 사건들을 미리 보여주는 서곡 같은 것이다. 또 신화는 새 시대에 등장할 심리학적 요소들을 어떻게 대처할지에 대해 지혜가 담긴 조언도 해준다.

우리는 성배를 찾아 떠나는 파르시팔(Parsifal)의 신화에서 현대를 살아가는 데 필요한 처방전을 얻을 수 있다. 성배신화는 12세기에 탄생했다. 이 시기를 현대의 탄생으로 보는 사람이 많은데, 오늘날 우리가 가진 사고 방식이나 태도와 개념이 성배신화가 형성된 이 시기에 태동했기 때문이다. 12세기에 일어난 바람이 20세기에 이르러 회오리

바람으로 되었다고 표현할 수 있다.

성배신화의 테마가 12, 13, 14세기에 등장했다는 증거는 많다. 이 책에서는 가장 초기의 기록인 크레디앙 드 트로이(Chretien de Troyes)가 시의 형식으로 쓴 프랑스어 판본을 사용하고 있다. 볼프람 폰 에센바흐(Wolfram von Eschenbach)가 쓴 독일어 판본도 있고 14세기 토마스 말로리(Thomas Malory)가 쓴 《르 모르트 다르튀르(Le Morte Darthur)》*라는 영국어 판도 있다. 그러나 이 시기에 와서는 신화가 이미 많이 다듬어진 상태였다. 프랑스어 판에 쓰인 표현이 훨씬 단순하고 직접적이며 무의식에 가깝기 때문에 이 책의 목적인 무의식 탐구에 더 적합하다.

신화는 살아있는 실체이다. 또 신화는 모든 사람의 내면에 존재하고 있다. 이 두 가지 사실을 꼭 기억해야 한다. 마치 물레질을 하듯 신화가 끊임없이 각자의 내면심리에 어떤 작용을 하고 있다는 사실을 체험하게 되면 우리는 신화가 실체임을 이해하게 될 것이다. 자신의 심리 안에서 신화가 어떻게 살아있는지를 볼 수 있다면 우리는 자신에게 가장 도움이 되게끔 신화를 체험하는 것이다.

성배신화는 남성의 심리를 말해준다. 그러나 이 말은 이 신화가 남성에게만 한정되어 있다는 뜻은 아니다. 지배

---

* 르 모르트 다르튀르(Le Morte Darthur) : '아더왕의 죽음' 이라는 뜻

적인 부분은 아닐지라도 여성의 내면에도 남성성이 있으므로 여성도 직접 남성성을 경험할 수 있다. 신화에서 진행되는 모든 상황은 우리 자신의 심리의 일부로 받아들여야 한다. 성배신화에 등장하는 눈부시게 아름다운 처녀들 또한 남성심리의 일부로 보아야 한다.

또 직접적으로 여성심리를 다루지는 않지만 여성도 성배신화에 담긴 비밀에 대해 관심을 가질 필요가 있다. 왜냐하면 여성도 아버지와 남편, 아들 등 남성들과 함께 살아가야 하기 때문이다. 성배신화를 자기 내면의 남성성의 이야기로 가깝게 느끼는 여성들도 있다. 특히 현대 여성들이 전문직에 종사하면서, 흔히 말하는 전통적인 남성세계에 참여하게 됨에 따라, 여성 내면에 존재하는 남성성의 발달은 더욱 중요한 의미를 지니게 되었다. 여성의 남성성이나 남성의 여성성은 우리가 인식하고 있는 것보다 훨씬 밀접하게 작용한다. 이 신화는 현대인들에게 즉각적이고 실질적인 통찰을 제공할 것이다.

1 | 어부왕 *The Fisher King*

| 어부왕 |
청소년기 물고기를 잡다가 생긴 상처로 인해
평생 고통받는 왕이다.
여기서 물고기는 그리스도를 상징한다.

1

이야기는 성배의 성(城)에서 시작한다.

성은 심각한 상황에 처해 있다. 통치자인 어부왕이 상처를 입은 것이다. 왕의 상처는 치료가 불가능하지만 그렇다고 죽을 정도로 심하지는 않다. 왕은 신음하고 있다. 끝없는 고통으로 울부짖고 있다. 왕국에 있는 모든 땅은 폐허로 변했다. 이는 왕의 상태가 직접적으로 땅에 반영되기 때문이다. 신화적 차원에서 볼 때 이는 심리학적 내면이 그만치 황량하다는 의미이고, 또 물리적인 외부세계도 그렇게 쓸쓸하고 황폐화되었다는 뜻이다. 곡식이 자라지 않고 어미 소는 더 이상 새끼를 낳지 않는다. 아이들은 고아가 되고 과부는 울부짖고 기사들은 죽어간다. 이 모든 것이 어부왕이 앓고 있는 상처 때문이다.

왕국의 번영이 통치자의 힘이나 생식능력에 달려 있다는 생각은 원시 사회에서는 상식적인 것이다. 세계의 원주민들 사이에는 아직 왕국이 존재하는 곳이 많은데, 이런 사회에서는 왕이 더 이상 자손을 생산하지 못할 때 종족들이 왕을 죽인다. 의례를 통해 때로는 서서히, 때로는 잔인하게 죽인다. 이 의례는 왕이 늙고 쇠약해지면 왕국이 더 이상 번영을 할 수 없다는 생각에서 비롯되었다.

어부왕이 상처를 입었기 때문에 성배의 성 전체가 심각한 상황에 처해 있다. 상처에 관해 신화가 묘사하는 부분을 보자.

여러 해 전 막 사춘기로 들어설 무렵 어부왕은 숲을 돌아다니며 무예수업을 하고 있었다. 어느 날 숲에 있는 한 캠프에 다다랐는데 무척 배가 고팠다. 누군가 불을 피워 연어를 굽고 있었다. 배고픈 왕이 맨손으로 생선을 조금 뜯어 먹는데 연어가 너무 뜨거워 쥐고 있던 생선을 땅에 떨어뜨리고 만다. 화기를 누그러뜨리려고 손가락을 얼른 입에 넣는 순간 손가락에 붙어 있던 연어 조각이 목구멍으로 넘어가게 된다. 이것이 바로 어부왕이 입은 상처이다.

사실 현대심리학에서 내리는 수많은 진단들은 이 어부왕의 상처와 연관되어 있다. 현대인의 고통이 800여 년 전 문화적으로 일어났던 이 심리학적 사건을 여전히 계승하고 있기 때문이라고 할 수 있다.

성배신화의 다른 판본에서는 이 대목을 조금 다르게 묘사하고 있다.

어느 날 젊은 어부왕이 성적인 열기를 감당할 수가 없어서 어떤 식으로든 이 열정을 불살라 보려고 사냥을 나간다. 바로 이 무렵 무슬림의 이교도 기사 하나가 십자가의 비전을 체험하게 되었다. 이교도 기사는 자신의 강렬한 체험을 표출할 방법을 찾아 길을 떠난다. 어느 날 이 둘이 길에서 마주친다. 상대가 가시거리에 들어오자마자 이들은 투구의 얼굴보호막을 내리고 창을 앞으로 든 채, 전투자세를 취하여 서로를 향해 돌진한다. 둘은 격렬하게 충돌한다. 이교도 기사는 그 자리에서 죽고 어부왕은 허벅지에 심한 상처를 입는다. 왕의 상처로 인해 여러 해 동안 왕국에 짙은 그림자가 드리워진다.*

참으로 엄청난 장면이지 않은가! 비전의 기사와 감각의 기사가 전투에서 치열하게 맞부딪친다. 이 때가 바로 본능과 자연이 예기치 않게 영(spirit)의 비전과 만나는 순간이다. 영의 비전이 본능이나 자연의 비전과 충돌하는 순간은 인류 전체에 대단히 결정적인 순간이다.

---

* 이교도의 죽음과 다음 쪽의 감각적 자연의 죽음—비전의 상처는 내용상 상치되어 보인다. 신화의 원본을 확인할 길이 없어 여기서는 의문만 제기한다. 문맥상으로는 감각적인 자연의 죽음이 타당해 보인다.

이 충돌로 인해 최상의 진화가 일어날 수도 있고 반대로 심리적 파괴를 초래하는 치명적인 갈등상황으로 떨어질 수도 있다.

이 충돌이 암시하는 바를 생각하면 온몸에 전율이 일어난다. 이 사건으로 감각적 자연은 죽게 되고 그리스도의 비전은 치명적인 상처를 입게 되기 때문이다.* 800여 년 전 일어난 이 사건은 현대인에게까지 전해져 내려오고 있다. 현대인의 삶에서 이런 충돌을 피하기는 거의 불가능하다. 그러므로 이 신화가 묘사하듯, 현대인이란 슬픈 운명으로 남겨진 사람들이다. 열정은 죽고 비전은 깊이 상처 입었다.

십자군 전쟁 당시 페르시아 신화에서 각색한 성 조지(St. George)**와 용의 이야기도 거의 비슷한 메시지를 전하고 있다. 용과 싸움을 하는 과정에서 성 조지와 그의 말이 치명적인 상처를 입게 된다. 용도 물론 심하게 다친다. 결과

---

* 저자의 다른 책 ≪변형(Transformation)≫에서 의식의 진화를 단순한 의식, 복잡한 의식, 깨달은 의식의 세 단계로 분류한다. 단순한 의식 단계는 삶에 대해 직접적이고 단순한 견해를 지니며 내면세계에 행복과 충만함을 느끼지만 외부세계와는 조화를 이루지 못하는 단계이다. 깨달은 의식 단계의 경우는 단순한 의식단계처럼 행복과 충만함을 느끼면서도 내면뿐만 아니라 외부세계에 대해서도 의식적이다. 복잡한 의식의 단계는 단순한 행복도 느낄 수 없고 깨달은 이의 충만감도 느낄 수 없이 과거에의 향수와 미래에의 기대 사이에 갇힌 단계이다. 공허함과 외로움과 초조함이 대표적인 특징이며 대부분의 현대인이 여기에 속한다. 자연은 죽고 비전이 상처 입었다는 표현은 의식의 진화단계가 이 시점부터 복잡한 의식에 도달하여 현대까지 지속된다는 의미로 사료된다. 이 책 19쪽 진화의 단계에서도 추가 설명이 이루어진다.

** 성 조지(St. George) : 잉글랜드의 수호 성인으로 6세기경 용을 물리쳐 한 소녀를 구해냈다는 전설이 있다.

적으로 이 셋 모두 죽어간다. 이 때 전혀 예기치 않은 사건이 일어난다. 성인의 머리 위로 뻗은 나뭇가지에 오렌지 하나가 달려 있었는데 마침 새 한 마리가 날아와 이 오렌지를 부리로 쫀다. 성인의 입에 생명을 주는 즙 한 방울이 떨어지고, 이로써 성인은 깨어나게 된다. 깨어나자마자 성인은 신비의 영약인 과즙을 말의 입에도 짜서 넣는다. 그러자 말이 되살아난다. 그러나 용을 살리지는 않는다.

어부왕이 입은 상처가 지닌 상징에 대해서 배울 것이 많다. 연어, 좀 더 일반적으로 말해 물고기는 그리스도의 상징 중 하나이다. 어부왕의 이야기에는 불에 구운 물고기가 등장하는데 이는 성장기에 막 들어선 소년이 자기 내면에 있는 그리스도의 특질 중 어떤 것을 접하게 됨을 의미한다. 그러나 그 시기가 너무 이르다. 어부왕은 전혀 예기치 않은 곳에서 물고기를 만나 상처를 입는데 너무 뜨거워서 잡은 즉시 물고기를 떨어뜨리고 만다. 그 와중에 조그만 물고기 조각이 손가락을 통해 목구멍으로 넘어가는데, 어부왕은 이 일을 결코 잊지 못한다. 나중에 어부왕의 상처를 치유할 존재를 대면하게 되지만, 어쨌든 이 경험으로 어부왕은 치명적인 상처를 입는다. 사실 이로 인해 '상처로 신음하는 어부

---

* 의식의 탄생 또는 의식과의 첫 만남 : 어부왕의 상처는 낙원에서의 추방과 밀접한 관련이 있다. 어부왕이 상처 때문에 구원의 길로 나아가듯 추방에 의해 하늘의 예루살렘이란 낙원을 향해 나아간다.

낙원에서의 추방
어부왕의 상처와 낙원에서의 추방과 서로 연관되어 있다. 어부왕이 상처로 인해 구원의 길로 나아가게 되듯 낙원에서의 추방으로 인류는 하늘의 예루살렘을 향해 나아간다.

왕'이 탄생되는 것이다. 젊은 시절 '의식(consciousness)'과의 첫 만남*은 불가피하게 상처나 시련을 초래한다. 파르시팔(Parsifal)은 언어 한 조각으로 낙원의 체험이 어떤 것인지 알게 된다. 그리고 이 시련은 오랜 세월이 지난 뒤에 그가 완전한 구원과 깨달음에 이를 때까지 계속된다.

    서양 남성은 대부분 어부왕이다. 천진한 소년들이 실수로 무언가에 빠져들게 되는데, 이 무언가가 소년들이 감당하거나 이해하기에는 너무나 큰 것이다. 성장기 소년들은 남성으로 성숙하고 발달해가는 중간 지점에 도달해 있다. 이 순간 너무 뜨거워서 들고 있을 수도 없는 무엇인가를 맞닥뜨리고는 그걸 땅에 떨어뜨리고 만다. 이럴 때 어떤 쓸쓸함을 체험하게 된다. 왜냐하면 어부왕처럼 순간적으로 맛을 본 새로운 의식으로 살아갈 수도 없고 그렇다고 해서 맛본 것을 잊어버리거나 포기하고 살아갈 수도 없다. 잊기에는 너무나 강렬한 체험이기 때문이다.

사춘기 소년들은 모두 어부왕의 상처를 입는다. 이런 상처 없이는 의식적인 진화도 없다. 기독교에서는 이 상처를 행복한 추락, 또는 다행스런 실수(felix culpa)라고 표현하는데 이것은 결국 이 상처가 그 사람을 구원의 과정으로 인도하기 때문이다. 이것이 바로 에덴동산에서의 추락의 의미이다. 이 때부터 지나치게 순진한 의식과는 결별하고 자의식의 발달 단계로 나아가게 된다.

젊은이들이 세상은 행복과 환희로만 채워지지 않았다는 사실을 서서히 깨달아가는 모습을 지켜보는 것은 씁쓸한 일이다. 청년이 지니고 있던 천진한 아름다움과 신념과 낙관주의가 함께 허물어져가는 것을 지켜보는 것은 고통스럽다. 그러나 유감스럽지만 이 과정은 꼭 필요하다. 만일 우리가 에덴동산에서 추방되지 않았다면 '하늘의 예루살렘'은 없을지 모른다. 성토요일 저녁에 하는 가톨릭 예식 중에 낭송하는 아름다운 글귀로 "행복한 추락은 숭고한 구원을 위한 경구(Oh Happy Fall that was the occasion for so sublime a redemption)"*라는 구절이 있다. 우리가 하지도 않은 어떤 것에 대해 비난을 받을 때처럼, 어부왕의 상처는 불공평한 사건이라고 말할 수 있다.

칼 융의 자서전에 소개되는 내용인데, 한번은 지도교수

---

* 이 구절을 가톨릭 미사에서는 "오! 복된 탓이여. 너로서 위대한 구세주를 얻게 되었도다"라고 낭송한다.

가 학생들이 제출한 과제물을 읽으면서 융의 것은 손도 대지 않았다는 일화가 있다. 친구들의 과제물을 다 읽고 난 교수는 "여기 남겨져 있는 것이 제일 잘된 것이긴 하지만 이건 남의 아이디어를 훔친 게 분명하다. 내가 그 원전을 찾을 수만 있었다면 그를 쫓아냈을 것이다"라고 말했다. 사실 그 과제물은 융이 열심히 공부해서 자신의 힘으로 쓴 창작물이었다. 이 사건이 일어난 다음부터 융은 그 교수뿐만 아니라 교육과정 전체를 신뢰하지 않게 되었다. 융에게는 이 사건이 바로 어부왕의 상처였다.

진화의 단계(Stage of Evolution)

전통적으로 인간의 심리학적 발전을 3단계로 나눈다. 원형적인 패턴에 따르면, 어린 시절은 무의식 상태의 완전함이라 표현할 수 있다. 이 무의식적 완전함은 중년기에 이르러 의식적 불완전으로 발전한다. 그 뒤 노년기에 이르면서 의식적 완전함으로 발달한다. 그러므로 한 사람의 출발점은 순진한 온전함에서 시작한다. 이 시기에는 내면의 세계와 외적 세계가 통합되어 있다. 그 뒤 삶의 이중성을 알게 됨으로써 이 두 세계는 분리, 분화한다. 그 다음 마지막 단계로 깨달음에 이르는데, 이 때 외부의 세계와 내면의 세계가 의식적으로 화해하면서 조화로운 온전함을 성취하게 된다.

신화에서 어부왕은 발달 단계상 첫 번째에서 두 번째 단계로 전환 중임을 볼 수 있다. 두 번째 단계를 수행하기도 전에 세 번째 단계를 논할 필요는 없다. 세상의 분리성이나 이원성을 깨닫기 전에는 우주와의 하나됨에 관해 이야기할 권리가 없다고도 표현할 수 있다. 왜냐하면 온갖 말로 고차원적인 정신의 발달이나 세상과의 통합 등에 대해 논할 수는 있지만, 내면세계와 외부세계가 제대로 분화할 때까지는 고도로 발달한 의식세계를 이해할 길이 없기 때문이다. 천상의 예루살렘으로 향하는 여정을 떠나기 전에 먼저 에덴 동산을 떠나야 하는 것이다. 아이러니하게도 이 둘은 궁극적으로 같은 곳이다. 그러나 같은 장소라고 머물러 있어서는 안 되고 반드시 길을 나서야 한다.

인류가 낙원에서 추방되어 이원적인 세계로 첫발을 내딛는 것이 바로 어부왕의 상처이다. 소외와 시련의 경험을 통해 어부왕의 의식이 발달하게 된다. 신화에서는 어부왕의 상처가 허벅지에 난 것임을 분명히 밝히고 있다. 성서에서 야곱이 천사와 씨름하는 장면을 기억할 것이다. 야곱도 허벅지에 상처를 입는다. 천사든 그리스도든 초인적인 존재와의 이런 접촉으로 당사자는 치명적인 상처를 입게 되는데 이 상처가 부활을 향해 쉬지 않고 울어대는 것이다. 허벅지의 상처는 바로 생식 능력에 상처가 났다는 의미이고 이는 곧 관계를 맺는 능력에 문제가 생겼다는 뜻이다. 이 이야기의 다른 판본에는 어부왕이 화살로 인해 상처를 입었다고 되어 있다. 화살이 양쪽 고환을 꿰뚫고 꽂혔는데 완전히 관통해 빠지지도 않으면서 뒤로 빼낼 수도 없는 지경인 것이다. 여기서도 어부왕은 너무 아파서 살 수가 없을 정도지만 그렇다고 죽을 수도 없는 상태이다.

현대의 수많은 문학작품은 영웅들이 겪는 상실과 소외를 중심으로 이야기를 전개해 왔다. 길거리에서 만나는 거의 모든 이의 얼굴에서도 이런 소외감을 읽을 수 있다. 어부왕의 상처는 바로 현대인의 대표적인 특징인 것이다.

'어부왕의 상처'를 앓고 있는 남성의 곁에 있으면서 이런 신음을 목격하지 못하는 여성이 세상에 존재하는지 의문이다. 심지어 여성은 남성이 미처 자각하기도 전에 남성이 고통받고 있다는 사실을 느낀다. 여성은 남성들에게서 잊혀지지 않는 상처와 불완전함이 존재한다는 사실을 감지할 수 있다. 이런 식으로 고통을 받고 있는 남성이 종종 자신의 상처를 치유하기 위해 그리고 절박함을 완화하기 위해 터무니없이 어리석은 방향으로 치달을 수 있다. 대개 이런 남성들은 결혼이든 일이든 혹은 사는 공간에 대한 불평이든, 아무튼 그 해결책을 무의식적으로 외부세계에서 모색한다.

어부왕은 신음소리로 고통을 호소하고 마음은 산란하

다. 고기잡이 할 때를 제외하고는 잠시도 편히 쉴 수 없다. 의식을 의미하는 상처는, 오직 그가 신의 내면 작업을 할 때만 견딜만하다. 내면 작업이란 젊을 때 무심코 일어났던 상처로 인해 시작된 의식화의 과제를 수행하는 것이다. 낚시와도 유사한 연상이 곧 이 이야기에서 주요한 부분을 차지하게 된다.

어부왕의 궁전은 최후의 만찬 때 사용했던 성배가 보존되어 있는 성배의 성 안에 있다. 여기서 신화가 우리에게 가르쳐 주는 바는, 왕이 통치하는 곳이 내면 깊숙한 곳에 자리잡은 정원이란 사실이다. 가장 깊은 내면의 정원의 품격과 특질을 결정하는 것이 바로 왕이다. 따라서 왕이 건강하게 잘 지내면 우리도 잘 지내게 되는 것이다. 내면에서 모든 것이 바르게 진행될 때 외부세계의 일도 잘 진행된다. 현대인의 내면의 정원에 거주하고 있는 어부왕이 상처를 입은 상태여서, 그들이 외적으로도 고통과 소외를 겪는다고 예상할 수 있다. 상처로 신음하는 어부왕이 개개인의 내면의 가장 깊은 곳에 위치하므로 외부세계가 혼란스러운 것은 당연하다. 왕국이 번성하지 않는다. 곡식은 흉작이고 처녀는 생명을 빼앗기고 아이들은 고아가 된다. 이 신화적인 표현은 내면에 상처를 받은 원형적 토대가 어떻게 외적인 삶에 문제로 드러나게 되는지를 설득력 있게 나타내준다.

내면의 바보(The inner Fool)

성배의 성에서는 매일 밤 엄숙한 의례가 거행된다. 너무나 아름다운 행렬이 지나가지만, 어부왕은 침상에 누워 고통을 참아낼 뿐이다. 그리스도가 십자가에 못 박혀 있을 때 그의 옆구리를 찔렀던 창을 아리따운 처녀가 들고 나온다. 다른 처녀는 최후의 만찬 때 빵을 담았던 성반을 들고 나오고, 또 다른 처녀는 깊은 곳에서부터 대단히 신비로운 빛을 발하는 성배를 들고 나온다. 참석한 모든 사람들이 성배에 담긴 포도주를 마신다. 포도주를 마시는 순간 미처 말로 형언할 수 없었던 내면 깊숙이 간직해 온 소망을 저절로 깨닫게 된다.

모든 사람이 성배에 담긴 포도주를 마시지만 어부왕은 그럴 수 없다. 상처로 인해 성배로 포도주를 마실 수 없는 것이다. 이것은 최악의 박탈임에 틀림없다. 최상의 아름다움과 신성함이 바로 눈앞에 있지만 그것에 접근할 수 없다는 것은 시련 중에서도 최악의 시련이다. 어부왕을 제외한 모든 참석자들에게 성배에 담긴 포도주가 제공된다. 하지만 어부왕이 이 성찬에 동참할 수 없기 때문에 이들도 자신의 가장 중심에 뭔가 결핍되어 있다는 사실을 의식한다.

나도 이런 식으로 아름다움에 접근하는 것이 거부당했던 기억이 있다. 여러 해 전 성탄절을 맞아 부모님을 뵈러

가던 길이었다. 이즈음에 나는 처절하게 외롭고 세상으로부터 완전히 소외되었다고 느끼고 있었다. 부모님이 계시는 곳으로 가는 길에 샌프란시스코를 거치게 되었다. 샌프란시스코에서 그레이스 대성당을 방문했다. 그날 밤 헨델의 메시아가 공연될 예정이었다. 그토록 강한 영감을 주는 작품을 이 아름다운 대성당에서 감상할 수 있다니 얼마나 행운인지, 감사한 마음으로 공연시간을 기다리고 있었다. 최상의 오르간이 있고 성악의 대가들로 구성된 성가대가 있는 이 아름다운 건물보다 헨델의 메시아가 더 잘 어울릴 곳은 어디에도 없을 것 같았다. 그러나 연주가 시작되고 얼마 지나지 않아 그곳을 떠나야 할 일이 생겼다. 떠나야만 하는 내 기분은 엉망이었다. 바로 그 순간, 아름다움과 행복이 바로 눈앞에 펼쳐져 있다 할지라도 내가 참여하지 못한다면 그 자체가 허망할 뿐이라는 사실을 깨닫게 되었다. 세상에서 사랑과 아름다움과 행복을 받아들일 능력 자체가 제한되어 있다는 사실을 깨닫는 것보다 더한 고통은 없다. 우리 개개인의 내적 능력이 상처 입었다면 외적인 노력은 불가능하다. 이것이 바로 어부왕의 상처이다.

여성들이 남성들에게 얼마나 자주 이런 표현을 하는가? "당신이 가진 좋은 것들 좀 봐요. 최상의 직업에 수입도 어느 때보다 좋잖아요? 차가 두 대나 있고 가끔씩 휴가도 갈 수 있고요. 그런데 당신은 왜 행복하지 않다는 거죠? 성배가 당신 손안에 있어요. 그런데 왜 행복하지 않은 거죠?"

이럴 때 대부분의 남성들은 대답할 수가 없다. 그 답을 스스로도 모르기 때문이다. 그 대답은 사실, "내가 바로 어부왕이고, 내가 상처를 입었기 때문에 지금 내게 주어진 어떤 행복도 느낄 수가 없어요"라는 것이다.

진정한 신화는 딜레마를 치유할 방법을 가르쳐준다. 성배신화는 현대인이 받고 있는 고통의 특질을 정확하게 진술하고 있다. 그리고 이 고통을 치유할 수 있는 처방을 특이한 방법으로 기술한다.

예부터 전해 내려오는 예언이 있다. 궁전에 살던 바보가 예언하기를 진짜 순진한 바보가 궁정에 등장하여 특정한 질문을 하는 순간 어부왕의 상처가 치유된다는 것이다. (신화에서 공통적으로 나타나는 것 중 하나가 괜찮은 궁전에는 반드시 바보가 산다는 것이다.) 극심한 고통을 수반하는 상처에 대한 해답이 결국 바보에게 있다는 사실이 의외로 들릴지 모르겠다. 그러나 사실 이런 방식으로 문제를 풀어내는 전통은 잘 알려진 것이다. 세계의 신화와 전설에서 공통적으로 바보나 혹은 치유력이 전혀 없어 보이는 사람의 손에 의해서 진정한 치유가 이루어지는 경우는 흔하다.

성배신화도 위의 사실을 입증하는 한 예이다. 어부왕의 상처를 낫게 할 사람은 세상에서 가장 순진한 바보이다. 마찬가지로 우리 내면의 깊은 상처를 치유하는 비밀은 우리

안에 존재하는 가장 순수한 부분이다. 이는 치유가 이루어지려면 자기 안에서 처음 상처를 입었을 때의 나이나 심성을 되찾아야 된다는 것도 시사한다. 또 어부왕은 왜 스스로를 치유할 수 없는지, 낚시를 할 때도 왜 고통은 줄어들거나 치유되지 않는지에 대해서도 말해준다. 진정한 치유가 일어나려면 자신의 의식에서 완전히 다른 어떤 면을 허용하고 자신이 변화하는 것도 허용해야 한다. 기존의 정신상태로 남아있는 한 치유란 불가능하다. 치유가 일어나기 위해서는 어린아이처럼 바보 같은 부분이 그의 삶으로 들어와야 하는 것이다.

나를 찾아온 내담자에게 약간 이상하거나 어려운 것을 하도록 처방하면 그는 내게 고함을 지르며 항변을 한다. "나를 도대체 어떻게 생각하시는 거예요? 나를 바보로 보세요?" 그러면 나는 "글쎄요. 바보라면 도움이 될 텐데요"라고 대답한다. 이는 무엇을 받아들이려면 겸손이 최상의 약임을 말하는 것이다.

치유되고 싶다면 자신 안에 존재하는 어리석고 순진하고 사춘기적으로 미숙한 부분을 직면하는 데 동의해야 한다. 내면의 바보만이 어부왕의 상처를 다룰 수 있는 유일한 존재이기 때문이다.

2 | 파르시팔 *Parsifal*

| 기사 |
용맹, 예의, 명예와 여성에 대한 헌신이라는
기사도를 존중하고 지키려던 중세의 전사들.

2

 이제 이야기는 어부왕과 어부왕의 상처에서 어느 소년의 이야기로 넘어간다. 아무 이룬 것 없어 이름조차 없는 이 소년은 웨일즈 지방에서 태어났다. 당시 웨일즈는 지형학적으로 세상의 끝 그 언저리에 위치해 있던 곳이다. 당연히 문화적으로도 아주 침체된 지역이다. 신화의 세계에서 영웅의 탄생은 대개 이런 곳에서 일어난다. 잘 알려져 있듯이 예수는 나자렛에서 태어났다. 당시 나자렛이란 전혀 알려지지 않았던 곳으로 눈길을 끌만한 것은 아무것도 없었고, 대부분의 사람들에겐 잊혀진 땅이었다. 누가 감히 웨일즈가 우리들이 지금까지 겪고 있는 이런 고통에 대한 해답을 찾을 수 있는 장소가 되리라고 상상할 수 있었겠는가?

항상 구원은 가능성이 가장 희박해 보이는 장소에서 일어난다는 사실을 세계의 신화는 되풀이해 말하고 있다. 이 사실은 또 대단히 지적이고 고도로 문화혜택을 받고 있는 어부왕에게 자신의 상처를 치유하기 위해 특별히 겸허한 여정이 기다리고 있다는 사실을 상기시켜준다. 겸손(humble)이란 단어의 어원은 휴무스(humus)에서 비롯되는데 이는 땅과 관련되고, '여성적이고 세련되지 못한'이라는 의미를 내포한다. 이 단어에 함축된 의미에서 성서의 한 구절이 떠오른다. "하나님의 나라는 이런 어린아이와 같은 사람들의 것이다."

칼 융의 심리학적 유형론에 따르면, 교육을 받은 사람들은 사고, 감정, 감각, 직관의 네 가지 기능 중에 어느 한 기능이 우세하게 되는데, 이것이 그 사람의 기질을 결정한다는 것이다. 또 우세한 기능에 반해 열등한 기능도 있다. 거의 모든 삶의 가치가 우세 기능에 의해 결정되는데 이런 식으로 정신이 발전하고 강화되면 될수록 우리는 어부왕의 상처를 겪게 된다. 우리 내면에서 분화가 거의 일어나지 않은 열등한 기능이 결국 어부왕의 상처를 치유하게 될 것이다. 이런 심리학적인 표현을 신화에서는 세상의 끝이랄 수 있는 웨일즈에서 태어난 '순진한 바보(innocent fool)'가 가장 교육받고, 문화적 혜택을 받고, 우월한 어부왕을 치유하게 된다고 묘사한다.

이 소년은 천민으로 태어났다. 이야기를 시작할 시점에는 아직 이름도 없다. 이야기가 진행되면서 이 소년에게 파르시팔이라는 이름이 주어진다. 그런데 이 이름에는 심오한 의미가 담겨 있다. 서로 상반되는 대극을 통합하는 사람이란 의미이다. 그리고 이 이름 속에는, 그가 나중에 하게 될, 치유자의 역할도 예고되어 있다. 한자어로 이 이름은 '도(道)'라는 표현과 의미가 유사할 것이다.*

융은 자신이 내면으로의 여행을 할 수 밖에 없었던 상황에 대해 다음과 같이 얘기한다. 융은 무의식의 특성에 관한 견해 차이로 인해 프로이드와 결별하게 되었다. 프로이드는 무의식을 정신의 모든 열등한 요소의 저장고로 인간의 삶에서 가치를 두지 않았던 것의 집결지라고 보았다. 반면 융은 무의식은 모든 창의력이 샘솟는 예술가의 샘물 같은 집합체라 주장했다. 이런 견해 차이로 이들은 결국 결별했다. 이 때 융은 아직 젊고 경륜이 없을 뿐 아니라 이 분야에서 별로 알려지지도 않은 상태였다. 이 결별은 융에게는 대단히 충격적인 사건이었다. 마치 자신의 포부를 펼쳐 보기도 전에 태아가 낙태 되듯 미래의 가능성이, 삶이 끝나는 듯이 보였다.

융은 자신의 절망적인 상처를 치유하기 위해 어디로 향

---
* 음과 양이 조화되어 온전함을 이루는 태극의 의미.

해야 하는지 잘 알고 있었다. 융은 자신의 내면세계로 향했다. 자기 방에 처박혀 무의식을 기다렸다. 어린아이들이 게임을 하듯 바닥에 앉아 어린 시절에 그랬듯 온갖 환상의 세계를 불러들였다. 이런 일이 곧 융의 관심을 사로 잡았다. 여러 달 동안 매일같이 융은 환상의 세계를 탐험했다. 뒷뜰에 돌로 마을을 만들고, 도시를 개발하고, 항구를 건설했다. 마치 어린아이로 되돌아간듯 환상 속에 세계를 구축했다. 융은 이런 어린아이와 같은 체험을 믿고 있었다. 이것이 융에게 일어난 집단무의식의 표출이었고 나중에 융 심리학의 자산이 되었다. 융이란 위대한 영혼은 겸손했다. 스스로를 치유하기 위해 내면에 존재하는 파르시팔을 신뢰했던 것이다.

파르시팔은 어머니의 손에 키워졌다. (원래 이야기에서 이 소년은 후반부에 이르기까지 이름이 없다. 하지만 여기선 지금부터 이 소년을 파르시팔로 부르겠다.) 어머니의 이름은 '가슴에 사무치는 슬픔(Heart Sorrow)'이다. 아버지는 오래전에 돌아가셨고 파르시팔은 아버지에 관해선 아무것도 모르고 자라났다. 형제자매도 없다. 흔히 신화에 등장하는 구원의 영웅에게는 아버지가 없다. 또 대체로 가난하고 외로운 환경에서 성장한다. 파르시팔은 집에서 짠 천으로 옷을 지어 입고 학교 교육도 받지 못했다. 삶에 관한 질문들을 해 볼 상대도 없었다. 그는 어떤 형태의 교육적

혜택도 전혀 받지 못했다. 흔히 말하는 농노의 삶, 달리 말해 거의 원시적으로 자라났다.

사춘기를 막 들어선 어느 날 그는 밖에서 놀다가 근사하게 차려 입고 말을 타고 있는 기사 다섯 명과 마주친다. 이들은 진홍과 황금 빛으로 장식된 말을 타고 갑옷과 방패와 창을 들어 기사로서의 모든 군장을 완벽하게 갖추고 있었다. 이 눈부신 광경에 감격한 파르시팔은 곧장 집으로 들어간다. 급히 뛰어든 파르시팔은 어머니에게 방금 밖에서 다섯 명의 신을 만났다고 한다. 이 현란한 장면에 파르시팔은 완전히 압도된 것이다. 그 즉시 집을 떠나 이 근사한 다섯 기사들과 삶을 함께하리라 결심한다.

어머니는 어떤 것으로도 아들을 만류할 수 없다는 사실을 알기에 울음을 터뜨린다. 아들이 아버지의 발자취를 따라 기사가 되려는 것이다. 파르시팔의 아버지는 납득하기 어려운 이유로 살해당했다. 어머니는 파르시팔이 아버지에 대해 아무것도 알 수 없도록 모든 것을 차단했다. 그러나 아버지의 피가 아들 내면을 휘젓기 시작할 때 어머니도 아들을 위험한 세계로부터 격리시키지 못한다.

'가슴에 사무치는 슬픔'은 파르시팔에게 그의 아버지가 기사였다는 사실과 아름다운 한 여인을 구하려다가 목숨을 잃었다는 사실을 말해준다. 파르시팔의 두 형도 기사였는데 이들도 모두 살해되었다. 그래서 '가슴에 사무치는 슬픔'은 파르시팔을 먼 곳으로 데려와 아버지와 형들과는 완전히 다른 운명으로 자라기를 바라며 아들을 키운 것이었다.

결국 '가슴에 사무치는 슬픔'은 파르시팔을 축복해준다. 그녀는 자신의 품을 열어 아들을 놓아준다. 그리고 아들이 떠날 때 충고하기를 아름답고 격조 있는 처녀를 만나면 존경을 표해야 한다고 일러준다. 그리고 질문을 너무 많이 하지 말라고 당부한다. 그리고는 손수 물레질을 해서 짠 옷감으로 원통 모양의 외투를 만들어 아들에게 선물한다. 이것은 어머니가 아들에게 주는 유산이다. 이 두 유산의 파장이 이야기 전체에 영향을 미치게 될 것이다. 앞으로 파르시팔에게 닥칠 수 많은 복잡한 상황마다 교훈이 된다.

파르시팔의 여정(Parsifal's Journey)

다섯 기사의 발자취를 따라 행복하게 길을 떠난 파르시팔은 드디어 남자로서 자신의 진로를 시작하게 된다. 만나는 사람마다 다섯 기사를 만나려면 어디로 가야 하느냐고 길을 묻는다. 여정은 시작했는데 어디로 나아가야 할지 모르는 이런 상황이 파르시팔만의 문제는 아니다. 기사를 찾아 나선 청소년들은 한결같이 "도대체 그게 어디 있죠?"라며 의혹에 가득찬 눈망울을 깜박거린다. 그러나 이럴 때 대

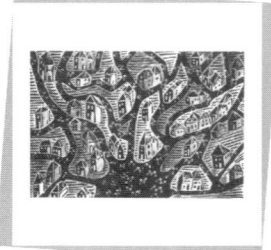

여러 갈래로 난 길
수많은 가능성과 불확실성 앞에서 어디로 가야 할지 혼란스러워 하는 파르시팔의 상태. 즉 여정을 막 시작한 사람들의 명쾌하지 않은 결정과 혼란을 의미한다.

개 청소년들은 그들이 말하는 "그것"을 대단히 모호하게 정의하고 있다. 한 젊은이가 삶에서 5란 숫자의 가치와 의미에 대해 처음, 순간적으로 스치듯 경험한 후 그는 성인이 되어 대부분의 시기를 숫자 5라는 특질을 체현하려는 경험을 추구하게 된다. 숫자 5란 삶의 완전함을 의미한다. 우리가 사용하는 단어 중에 정수 혹은 핵심을 의미하는 단어(quintessence)가 바로 숫자 5에서 비롯된다. 숫자 5란 모든 곳에 존재하지만 동시에 아무 곳에도 존재하지 않는다. 완전함에 대한 섬광 같은 비전을 체험한 16살 밖에 안 된 소년이 이러한 특별한 경험을 하기 위해 자신만의 험난한 여정에 오른다는 것은 잔인하게 느껴진다. 그러나 흔히 이런 찰나적 체험이 바로 진정한 영성적 여정을 시작하게 되는 동기가 되곤 한다.

길을 떠난 파르시팔은 어느 텐트 앞에 도착한다. 파르시팔은 작고 허름한 오두막에서 자라났기 때문에 텐트를 본 적이 한 번도 없다. 파르시팔이 보기에 텐트는 지금까지 세상에서 봤던 그 어느 것보다 장엄했다. 그래서 그는 자신이 드디어 어머니가 해주신 이야기에 나온 신들의 성에 도달했다고 생각한다. 먼저 예를 갖추어 신을 경배하기 위하여 텐트를 활짝 열어 젖힌다. 그 안에는 귀품 있고 아름다운 처녀가 있다. 이 여인이 바로 파르시팔이 만나게 될 수많은 아리따운 처녀들 중 하나다. 그 처녀들은 눈부시게 현란하지만 도무지 이해하기 어렵다.

파르시팔은 여자를 정중하게 대하라는 어머니의 교훈을 기억한다. 질문을 너무 많이 하지 말라고 하시던 어머니 말씀도 기억한다. 이 만남을 소중히 간직하기 위하여 처녀를 포옹하고 그녀의 손가락에서 반지를 빼어 자신의 부적으로 삼는다. 이 행위가 바로 앞으로 파르시팔에게 닥칠 전 생애의 영감이 된다.

첫 데이트를 하러 나가는 소년의 모습을 본 적이 있는가? 그 소년에게서 머뭇거리며 처음으로 아리따운 아가씨의 텐트로 들어가는 파르시팔의 이미지를 찾아볼 수 있다.

어머니가 파르시팔에게 이르기를 필요한 음식은 모두 주어질 것이라 했다. 하느님의 교회에는 그가 살면서 필요한 모든 음식이 있다. 향연을 위해 정찬이 차려진 테이블이 파르시팔 앞에 주어진다. 그리고 한 처녀가 그녀가 사랑하게 될 기사를 기다리고 있다. 마침내 그녀가 기다리던 기사가 나타나 그녀에게 구혼을 하고 그 처녀는 최선을 다해 그를 사랑하게 될 것이다. 눈앞에 펼쳐진 모든 것이 파르시팔에게는 완전한 모습으로 예언대로 실현되는 것이다. 여기가 바로 신의 사원인 것이다. 자기 앞에는 어여쁜 처녀도 기다리고 있다. 먹고 싶었던 모든 것들이 마련되어 있고, 이 모든 것이 어머니가 그렇게 될 것이라고 말씀하셨던 바로 그 모습 그대로이다. 식탁에 앉아 진수성찬을 맛보며 파르시팔은 삶이란 참 좋은 것이로구나 생각한다.

바로 이 순간, 이 처녀는 자신이 비범한 사람 앞에 서 있다는 사실을 깨닫는다. 자기 앞에 서 있는 소년에게서 신성한 힘을 느낀다. 소년은 꾸밈이 없고 단순하지만 거기서 어떤 특별함을 느낀다. 그러나 이 처녀는 자신의 기사가 돌아와 텐트에 파르시팔이 있는 걸을 알게 되면 그를 죽이려고 들 것을 잘 알기에 파르시팔에게 즉시 길을 떠날 것을 애원한다.

적기사(The Red Knight)

파르시팔은 만나는 사람마다 어떻게 하면 기사가 될 수 있는지 물어본다. 누군가 그에게 아더왕의 궁전으로 가라고 한다. 그곳에서 왕이 용맹하고 강인한 청년을 기사로 임명하기 때문이다.

파르시팔은 길을 물어 아더왕의 궁전에 도착한다. 궁전에서 파르시팔은 순진한 모습, 집에서 짠 천으로 지은 허름한 옷, 그리고 막연히 기사가 되겠다는 치기 때문에 웃음거리가 된다. 그곳에서 누군가가 기사의 삶이란 결코 쉬운 길이 아니며 기사로 임명되는 것은 대단히 영예로운 일로 용기 있고 명예로운 일을 수행한 사람에게만 주어지는 특권이라고 말해준다. 그래도 파르시팔이 간곡하게 조르고 또 조르자 마침내 그를 아더왕 앞으로 데려다준다. 아더왕은 친절하게도 파르시팔의 어리석음을 꾸짖지 않고, 기사가 되려면 아주 많은 것을 배워야 한다고 말해준다. 싸움에서 기사가 지켜야 할 예절을 배우고 궁정예절을 모두 숙달해야만 가능하다고 일러준다.

아더왕의 궁전에는 6년간 단 한 번도 미소를 머금지도, 웃음을 터뜨리지도 않았던 아리따운 처녀가 살고 있다. 궁정에 내려오는 전설에 따르면 이 세상 최고의 기사가 궁정에 등장하는 순간 이 웃지 않던 처녀가 웃음을 터뜨린다고 한다. 그런데 이 처녀가 파르시팔을 보자마자 기쁨과 환희에 넘쳐 웃음을 터뜨린다. 이 놀라운 광경에 왕궁 전체가 경탄한다. 분명 최고의 기사가 드디어 왕국에 등장한 것이다! 여기 순진한 소년이 있다. 이 소년은 집에서 짠 누더기 천으로 만든 옷을 걸치고 교육이라곤 받아본 적이 없다. 그런데 이 소년을 보고 6년간 웃지 않던 처녀가 웃음을 터뜨린 것이다. 놀라운 순간이 아닌가!

남성의 특질 중 파르시팔과 같은 요소가 내면에 등장하기 전까지 내면의 여성성은 결코 웃음을 터뜨리지 않는다. 이 말은 이 남성이 행복감을 느낄 수 없었다는 뜻이다. 여성성은 파르시팔을 보자마자 웃음과 환희로 가득찬 탄성을 지른다. 남성이 자기 내면에 있는 파르시팔적인 요소를 일깨운다면 자기 안에 있는 다른 특질이 즉시 행복하게 된다. 늘 우울하던 처녀가 웃음을 터뜨리자 사람들은 파르시팔을 진지하게 대하기 시작한다. 아더왕은 즉석에서 파르시팔을 기사로 임명한다!

얼마 전에 한 남자가 울면서 내 사무실로 왔다. 삶의 어두운 측면에 직면한 사람이었다. 그 남자는 삶의 부정적인 측면만 보고 있어서 그와 이야기하는 것이 쉽지 않았다. 그래서 내가 오래된 이야기를 하면서 이 사람을 이야기의 일부로 끌어들였다. 내가 한 것은 이 사람 안에 있는 파르시팔을 이끌어내어 내면에 잠들어 있던 어린아이와 같은 특질을 발견하도록 한 것이다. 이 사람은 즉시 웃음을 터뜨릴 수 있게 되었다. 6년간이나 자기 안에 존재해왔지만 그 사실조차 인식하지 못했던 여성이 마침내 터져나왔던 것이다. 그러자 자신이 직면한 우울한 삶의 이야기를 끄집어낼 용기와 에너지를 회복할 수 있었다. 남성의 내면에서 파르시팔이 일깨워지면 그 사람 주변에 에너지가 모이게 되고 다시 정상적인 기능을 하게 된다.

파르시팔이 아더왕에게 돌아와서 말하기를 "청이 있습니다. 제가 말 한 필로 적기사와 싸워 이긴다면 그의 갑옷과 투구를 저에게 주십시오." 그 말을 들은 모든 사람들이 격렬하게 웃음보를 터뜨린다. 아더왕의 궁정에서 아무도 적기사의 힘에 대적할 만큼 용감한 기사는 없었기 때문이다. 아더왕도 웃으면서 말하기를 "허락한다. 네가 이길 수만 있다면 적기사의 갑옷과 말을 가져도 좋다."

파르시팔이 막 아더왕의 궁전을 빠져나오다가 문 앞에서 적기사와 마주친다. 적기사는 두려운 게 아무것도 없다. 원하는 것은 무엇이든 하는 무엄의 기사여서 궁정의 누구도 이 적기사의 비위를 거슬리는 행동을 하지 않는다. 그는 은으로 된 성배를 가지고 있다. 누구도 감히 그에게 맞서지 못한다. 적기사는 또 게네비어(Guenevere) 여왕*의 얼굴에 포도주병을 던질 정도로 무례하다.

파르시팔은 적기사가 입고 있는 갑옷과 투구 그리고 진홍의 튜닉과 말을 감싼 천 등 기사도와 관련된 모든 것에 완전히 도취되었다. 파르시팔이 적기사를 그 자리에 멈춰 세우고는 갑옷과 투구를 달라고 한다. 적기사는 눈앞에 서 있는 바보의 어리석음에 너털웃음을 터뜨리며 "좋아, 네가

---

* 게네비어는 아더왕의 아내, 잉글랜드의 여왕이다.

뺏을 수만 있다면 원하는 대로 해라."

기사들이 하듯 둘은 전투자세를 취한다. 싸움이 시작되자마자 파르시팔은 굴욕스럽게도 한 방에 땅바닥으로 내동댕이쳐진다. 바닥에 널부러진 파르시팔이 적기사의 눈을 향해 단검을 날린다. 단검에 맞은 적기사는 그 자리에서 숨이 끊긴다. 이 때가 신화에서 파르시팔이 누군가를 죽이는 유일한 순간이다. 이 살해의 행위는 한 청년의 성장발전 단계에서 대단히 중요한 부분이다. 에스더 하딩(Esther Harding)은 그녀의 책 ≪심적 에너지(Psychic Energy)≫에서 본능이 지배하는 단계에서 자아가 통제하는 단계로 진화하는 과정에 대해 길게 설명하고 있다. 파르시팔이 적기사를 죽이는 순간 적기사가 지녔던 엄청난 양의 에너지가 재배치된다. 그러니까 말하자면 본능이 자아(ego)로 전환하는 것이다. 이 때가 바로 사춘기에서 벗어나 성인이 되는 순간이라고 할 수 있다. 물론 이후에도 또 다른 진화가 필요하다. 다음 단계의 진화는 자아(ego)의 전 에너지를 참 나(Self)라는 정신세계의 중심으로 재배치하는 진화이다. 이 '참 나'라는 중심은 어떤 개개인의 삶보다도 훨씬 더 위대하다. 이 부분에 대해서는 신화의 후반부에 다루게 될 것이다.

기사가 된 파르시팔은 수많은 기사들과 싸워 이긴다. 하지만 절대로 상대의 목숨을 빼앗지는 않는다. 그는 싸움에 진 기사를 아더왕에게 보내 원래 자기가 섬겼던 왕에게 했던 맹세를 파기하고 아더왕을 섬기겠다는 새로운 맹세를 하게 한다. 이것이 바로 삶의 중간지점의 모든 남성에게서 일어나는 문화적인 절차이다. 하나하나 다른 중심을 지닌 에너지를 굴복시켜 영예로운 왕의 지배하에 그 모든 에너지를 집중하는 것이다. 이것이 한 인간의 삶이 진정으로 고귀한 삶을 살아가게 되는 과정이다. 남성이 자신의 경륜을 고양시키는 과정에서 선택할 수 있는 최선이 바로 이것이다.

적기사를 죽이는 데 어떠한 설명도 없다. 이 대목에서 생각을 정리하기 위해 잠깐 멈출 필요가 있다. 만일 적기사를 죽이지 않고 굴복시켜 다른 기사들처럼 아더왕의 궁전으로 보내어 왕을 섬기겠다는 새로운 맹세를 하게 했더라면, 그것은 서양문명 전반에 어떤 상징적 영향을 미쳤을까? 인도에서는 우리 자신의 내면에 존재하는 적기사적인 에너지를 다루는 대안적인 방법을 제시한다. 인도의 가르침에서는 인간의 삶에서 선과 악 사이의 경계가 서양만큼 그렇게 분명하지 않다. 적기사의 에너지를 죽이기보다는 그의 에너지를 약하게 해서 의식으로 통합하는 것이 이런 에너지를 다루는 인도식 방법이다. 그러나 서양식은 영웅적인 여정을 시작하여 적기사를 죽이거나 굴복시켜 위대한 승리를 거두는 것이다.

적기사에 대한 승리는 청년의 내면세계에서도, 외부세계에서도 일어날 수 있다. 두 방식 모두 효과적이다. 대부분의 사람들이 그러하듯 외적 여정을 택한다면 어떤 커다란 장애를 극복해야 한다. 적기사에게 대적하여 승리하는 길은 적기사를 만난 바로 그 자리에서 경쟁하여 쟁취할 수도 있고 때로는 오랜 인내를 필요로 할 때도 있다.

삶에서 불가피하면서도 늘 씁쓸함을 안겨주는 것 중 하나는 바로 이기는 행위가 다른 사람의 패배를 대가로 한다는 것이다. 적기사를 죽이는 것이 바로 이런 것이다. 그 전에 늘 패배만 하던 사람들에게 승리는 대단히 기쁜 일일 것이다. 이 정복과 패배는 남성성에 내재되어 있거나 혹은 진화된 모습인데 언젠가 극복해야 할 일이다. 오늘날 적기사를 굴복시키는 일은 여전히 잔인한 피비린내를 풍긴다.

바깥으로 여정을 떠나는 대신, 내면에서 적기사를 정복할 수도 있다. 소년들은 내면의 거칠고 무례한 에너지를 정복하여, 내면세계에 존재하는, 약자를 못살게 굴고 교묘하게 남을 속이는 부분을 극복해야 할 것이다. 소년이 남자로 성장하기 위해서는 이러한 내면적인 여정도 외적인 여정만큼이나 효과적이다. 이런 방식은 우리 사회에서 내향적인 사람들에게 자연스럽고 친숙한 언어들이다.

외적으로든 내적으로든 적기사와의 전투에서 실패하면 이 에너지가 통제할 수 없을 정도로 맹렬해진다. 주먹질을 하거나 파괴자가 되거나 분노한 청년이 될 것이다. 또 반대로 얻어맞고 패배하여 기죽은 사람이 될 수도 있다. 적기사는 부정적이며 파괴적인 잠재력을 지닌 남성성의 그림자 같은 측면이다. 진정한 남성이 되기 위해 그림자와 분투해야 하나 그렇다고 결코 그림자를 억압해서도 안 된다. 소년은 절대 자신의 공격성을 억압해서는 안 된다. 적기사로 상징되는 남성의 그림자적인 힘이 성숙한 세계로 나아가는 데 반드시 필요하기 때문이다.

이제 파르시팔은 적기사의 갑옷과 말을 소유하게 된다. 이 시기에는 정복한다는 말이 곧 소유한다는 의미이기 때문이다. 다시 말해 적기사적인 에너지는 파르시팔의 통제 하에 있기 때문에 필요하면 언제든지 이용할 수 있다는 의미이다.

파르시팔이 적기사의 갑옷과 투구를 입으려고 시도한다. 그러나 이렇게 채워야 할 단추가 많고 복잡한 옷을 입어 본 적이 없었기 때문에 갑옷입기에 실패한다. 이 때 아더왕의 궁정에서 전투가 어떻게 되어가는지 알아보기 위해 나온 시종이 갑옷을 입도록 도와준다. 그리고 복잡한 기사도를 익히는 과정도 도와준다. 시종은 파르시팔에게 집에서 짠 천을 원통으로 두른 그런 어눌한 외투가 기사에게는 어울리지 않으니 벗어버리라고 한다. 그러나 파르시팔은 이 권유를 거절하고 어머니가 만들어 주신 외투를 입는다. 파르시팔의 바로 이 행위가 나중에 심각한 영향을 미치게 된다. 어머니가 주신 외투에 대한 이런 집착이 어떤 결과를 가져올지는 이야기가 진행됨에 따라 보게 될 것이다. 파르시팔은 어머니가 주신 외투 위에 갑옷을 입는다. 그리고 말에 올라탄다. 어떤 소년이든 자신의 어머니 콤플렉스 위에 새로 발견한 기사도를 덧붙이지 않겠는가? 그러나 어머니 콤플렉스를 가진 남성이 엄격한 기사도로 겉치장을 하게 되면 아주 부정적인 결과를 낳을 수 있다.

여기에 이 신화가 지닌 신비가 하나 더 있다. 파르시팔은 어떻게 했는지 몰라도 말을 출발시키는 데는 성공한다. 그러나 아무도 말을 어떻게 멈추게 하는지 가르쳐 주지 않았다. 파르시팔은 말과 말에 타고 있는 자신이 완전히 지칠 때까지 그저 달리기만 한다. 여러분이 갓 청년이 되어 뭔가를 배운 지 얼마 안되었을 때를 생각해 보라. 어렵지 않게 어떤 프로젝트가 돌아가게는 했는데 멈출 수가 없어 곤란했던 적은 없었던가?

구르몽(Gournamond)

그 시기에 파르시팔은 대부(godfather) 구르몽을 만난다. 소년에서 벗어나 막 어른이 되려고 하는 시기에 대부를 만난다는 것은 대단한 행운이다. 아들이 사춘기에 이를 무렵이면 아버지는 대체로 지쳐 있다. 이 시기 부자 간의 대화는 서서히 줄어든다. 사춘기라는 시기는 아버지로부터 정신적으로 독립하기에는 너무 이르지만 그렇다고 아버지에게 내밀한 문제들을 상의하기에는 너무 자존심이 강한 때이다. 오늘날 사춘기의 아들과 아버지 사이에 친밀함이 유지되는 가정은 드물다. 이 시기 아들에게 꼭 필요한 사람이 대부이다. 아버지와 아들 사이의 소원해진 관계를 대부가 메울 수 있기 때문이다. 대부가 아버지에 이어 지속적으로 아들의 훈육을 담당할 수 있다. 구르몽은 원형적인 대부이다. 그가 파르시팔에게 기사의 길을 가르치는 데는 꼬박 일년이 걸렸다.

구르몽은 파르시팔에게 진정한 남성다움에 관한 살아 있는 지식을 가르친다. 아름다운 처녀를 유혹하거나 처녀들에게 유혹을 당해서도 안 된다. 파르시팔은 성배의 성을 찾는 데 전심전력을 다해야 한다. 특히 파르시팔이 성배의 성에 이르러 이 특정한 질문 "성배는 누구를 위해 존재하는가?"를 물어야 한다. 만약 이러한 숭고한 수준에까지 이르지 못한다면 기사도가 무슨 가치를 지니겠는가? 구르몽의 이런 가르침은 눈여겨볼 가치가 있다. 이야기가 전개되는 과정에서 곧 이 두 질문을 던져야할 적절한 곳을 발견하게 될 것이다.

가르침을 얻고 난 파르시팔은 갑자기 어머니 생각이 나

서 어머니를 찾아 떠난다. 아마도 남성은 어느 정도의 남성성을 경험하고 나면 다시 여성성인 어머니의 에너지와 접촉할 필요가 있는가 보다.

어머니를 찾아간 파르시팔은 그가 떠나고 얼마 되지 않아 어머니가 슬픔을 이기지 못하고 돌아가셨다는 소식을 듣게 된다. 파르시팔 어머니의 이름이 '가슴에 사무치는 슬픔'이라는 걸 기억하는가? 파르시팔은 죽고 싶을 정도로 심한 죄책감을 느낀다. 그러나 이 또한 남성의 성장과정에서 필연적인 부분이다. 성숙한 남자가 되기 위해서는 어떤 식으로든 자기 어머니에게 불충실하지 않는 한, 절대 완숙한 남자로 성장하지 못한다. 만일 파르시팔이 어머니의 마음을 편안하게 하고 위안을 드리기 위해 어머니와 함께 오두막에 남아있었더라면 그는 자신의 어머니 콤플렉스를 절대로 극복하지 못했을 것이다. 아들이 자기 품 안에 머물도록 모든 수단을 다 동원하는 어머니도 있다. 아들에게 '자식은 어머니에게 충직해야 한다'는 개념을 아주 교묘하게 주입시키면서 말이다. 그러나 아들이 어머니의 뜻대로만 한다면 이런 아들의 남성성은 심각하게 상처를 입게 될 것이다. 비록 어머니가 고통을 받게 될지라도, 또 자신의 행위가 어머니에게 불충실하게 보여질지라도 아들은 어머니와 헤어져 말을 타고 어머니가 사는 곳을 떠나야 한다. 나중에 파르시팔처럼 어머니에게 다시 돌아올 수 있으면 또 다른 차원에서 모자 간의 관계를 발전시킬 수 있다. 그러나 이런 관계의 발전은 아들이 먼저 어머니로부터 독립한 다음, 자신의 열정을 다른 여성에게 돌린 후에야 비로소 가능하다. 이 때 다른 여성이란 남성 내면의 여성일 수도 있고 외부세계에서 만나는 또래의 여성일 수도 있다. 신화에서 파르시팔의 어머니는 아들이 떠나자 곧 죽게 된다. 아마도 이 어머니는 자신의 존재를 어머니로서만 이해하는 그런 유형의 여성일 것이다. 이런 여성은 어머니로서의 역할이 끝나거나 혹은 이런 역할을 빼앗기게 되는 순간 죽는다. 왜냐하면 이런 여성은 '어머니'로서의 역할 이외에 어떻게 독자적인 '여성'이 되는지 전혀 이해하지 못하기 때문이다.

블랑시 플레르(Blanche Fleur)

수많은 사람이 신념을 가지고 삶의 여정에 오른다. 그러나 왜 그들이 이 특별한 여정을 해야 하는지, 그리고 그 여정이 자신을 어디로 인도할 것인지에 대해 심리학적으로 이해하는 사람은 드물다. 때로는 의도한 목표가 있다. 그러나 그 목표를 성취하는 데 실패하기도 한다. 종종 운명이 그들을 전혀 예상치 않은 곳으로 이끌기도 한다. 그리고 훨씬 심오한 목표를 수행하게도 한다. 이와 같은 경우처럼 파르시팔이 어머니를 찾아나선 길에서 블랑시 플레르(Blanche Fleur)를 만난다. 이 이름의 의미는 '하얀 꽃'이다. 성배를 만나기 전까지 파르시팔에게 이 여인은 바로 삶의 최상의 동기가 된다.

블랑시는 그녀의 성이 적군에게 포위된 상태라 어려움에 처해 있다. 그녀는 파르시팔에게 자신의 왕국을 구해달라고 간청한다. 남자에 관한 심오한 법칙 하나, '남자는 필요하기 전에는 자신의 힘을 알지 못한다.'는 말을 입증이라도 하려는 듯하다. 파르시팔은 침입자를 그녀의 영토에서 완전히 몰아낸다. 성을 포위하고 있던 군대의 두 번째 명령권자와 결투하여 승리한다. 목숨을 살려주면서 그를 아더 왕에게 보내 왕에게 충성을 맹세하게 한다. 파르시팔은 최고 사령관과도 결투하고 같은 과정을 되풀이한다. 지금 우리는 이 이야기를 통해 오랜 기간에 걸쳐 이루어졌던 원탁의 기사를 모집하는 과정을 목격하고 있다.

신화는 시적으로 이 과정을 표현하지만 융은 이 과정을 심리학적으로 "정신에서 구심점을 재배치 한다"라고 표현한다. 길들여지지 않는 남성성의 전체 에너지를 진중하고도 고도로 의식화된 에너지로 끌어내어 정신 안에 있는 의식의 중심으로 에너지를 집중해가는 과정이다. 여기서 의식의 중심이란 바로 아더왕과 원탁의 기사로 대변된다. 한 사람의 일생에서 삶의 전반부 동안 기울이는 노력 중 이보다 더 고귀하고 영웅적인 행위는 생각해낼 수 없다.

블랑시를 위하여 파르시팔은 이런 영웅적인 임무를 수행한다. 블랑시는 파르시팔의 소중한 여인이자 그의 영감의 원천이다. 그리고 파르시팔이 수행하는 모든 영웅적 행위의 중심에 바로 그녀가 있다. 어머니를 찾는 도정에서 파르시팔은 '영감을 주는 여성', 즉 생명의 기운을 주는 원리와 만나게 되는데 이는 결코 우연한 일이 아니다. 남성의 가슴에 영감이 되는, 소위 융이 말하는 아니마를 발견하는 순간은 시적 아름다움을 지니고 있다. 아니마는 남성에게 생기를 북돋워주며 그의 가슴에 존재하는 생명의 샘이라고 표현할 수 있다. 블랑시는 진정으로 그녀의 이름이 의미하는 가치를 지니고 있다.

블랑시를 살과 피가 있는 육체적인 존재로 생각한 사람들은 이야기가 전개되는 과정에서 블랑시가 보여주는 행동이 실망스럽다. 왜냐하면 일생 그녀의 역할이란게 그저 자신의 성 안에 머물기만 하기 때문이다. 이 성은 파르시팔에게는 영감의 상징이다. 아마도 애정을 지닌 부적같은 상징일 것이다. 가끔씩 파르시팔은 블랑시의 아름다움과 절대적 신뢰가 절실할 때, 서둘러 이곳으로 왔다가 곧 다시 떠나간다.

그러나 블랑시를 내면의 여성, 즉 남성의 심장 깊은 곳에 거주하는 존재로 본다면 그녀가 바로 파르시팔의 영감이 되며 그의 삶의 핵심적인 의미가 된다는 것을 알 수 있다. 그녀가 건네주는 장미 한 송이나 신뢰의 눈길 하나가 파르시팔에게는 가장 영웅적인 행위를 보이는 충분한 동기나 힘이 된다. 이 부분이 중세의 용어나 기사도식 언어로 표현되어 있지만 대부분의 현대인에게도 동일하게 적용된다.

포위된 성을 구출한 뒤 파르시팔은 블랑시와 하룻밤을 함께한다. 신화는 성에서 이 둘이 얼마나 친밀하게 밤을 보내는지에 관해 자세하게 묘사하고 있다. 둘은 아주 가까운 자세로 포옹하고 잔다. 머리와 머리, 어깨와 어깨, 엉덩이와 엉덩이, 무릎과 무릎, 발가락과 발가락이 맞닿도록 서로를 얼싸안고 잠을 잔다고 표현되어 있다. 그러나 이 포옹은 순결하다. 파르시팔은 절대로 아름다운 여인을 유혹하거나 여인에게 유혹되지 않겠다는 맹세를 지킨다. 성배의 비전을 완수하기 위해서 맹세는 반드시 지켜야 하기 때문이다.

내적 진실들이 그 자신의 힘과 깊이와 일치하지 않을 때 진정한 힘을 발휘하지 못한다. 그리스도가 처녀의 몸에서 태어났다는 것을 역사적인 사실로만 바라본다면 신화의 생생한 법칙을 잘못 이해하는 것이다. 인간의 영혼과 신의 영이 내적으로 결합하는 이 순간이 바로 개성화(individuation)가 이루어지게 된 진정한 기원이라 말할 수 있다.

수많은 종교의 전통들은 개인이 외부세계에서 어떤 행

위를 하는 데 필요한 일련의 법칙을 제시하기 보다 인간 내면의 삶을 다루고 있다. 이 전통들은 개개인이 가장 심오한 의미를 찾는 데 필요한 교훈의 보고이자, 내면탐구를 위한 지도(map)를 제시하고 있다. 종교적인 가르침을 문자 그대로 받아들인다면 영성적 의미는 상실될 수 밖에 없다. 이렇게 물질적이고 글자 그대로 모든 것을 다루려는 것은 절대 해서는 안 될 규정을 어기는 것보다 훨씬 더 해로울 수 있다.

3 | 순결 *Chastity*

| 백합 |

순백색과 비슷한 의미로 사용되며
순수, 정직, 순결을 상징한다.

3

 구르몽이 파르시팔에게 결코 아름다운 여인을 유혹하지도 말고 여인에게 유혹을 당해서도 안 된다고 충고했다. 이 가르침은 아주 중요하므로 깊이 다룰 가치가 있는 대목이다.

 신화를 탐구하는 것이 꿈을 연구하는 것과 같다는 사실을 기억할 필요가 있다. 이 두 분야를 연구할 때 여러모로 똑같은 법칙이 적용된다. 꿈은 대부분 내면의 문제를 다루고 있다. 그리고 꿈에 등장하는 부분 부분을 꿈꾼 사람의 심리의 일부로 바라본다. 예를 들어 만일 한 남성이 아름다운 처녀의 꿈을 꾸었다고 하자. 이는 거의 확실히 이 남성 내면에 존재하는 내적인 여성성을 표현하고 있다는 사실을 알 수 있다. 그러므로 꿈에 등장하는 여인을 문자 그대로 해석하여 꿈꾼 사람의 성적인 관심을 나타내거나 현재 자신의 여자친구에 관해서 말해주는 꿈이라고 단정할 수는 없다. 이런 실수를 범한다면 꿈이 드러내고자 하는 심오한 의미를 잃어버리게 될 것이다.* 이런 법칙은 신화에도 마찬가지로 적용된다. 구르몽의 가르침을 글자 그대로 받아들이고 이해한다면 이 신화는 단지 중세 기사들의 삶을 묘사하는 것이니 우리 현대인의 삶과는 관련이 없다는 식으로 받아들일 수 있다.

그렇다면 파르시팔이 일정한 거리를 유지해야만 하는 이 내적인 여성의 존재란 과연 어떤 의미일까? 이 표현은 내면의 문제로 다룰 때 의미를 지니는 것이지 외부세계에 존재하는 여성으로 오해하고 그에따라 생각하고 행동한다면 이 표현의 진정한 가치는 상실될 것이다.

감정과 무드(Mood and Feeling)

감정(feeling)은 가치를 부여하는 능력이다. 이에 반하여 무드(mood)는 내면의 여성이 갑자기 닥쳐오거나 내면

---

*저자 주 : 저자의 책 《내면작업 : 개인의 성장을 위해 꿈과 상상력을 이용하기 (Inner Work : using Dreams and Active Imagination for Personal Growth)》를 참조하기 바란다.

의 여성에게 사로잡히는 것이다.* 감정을 느낀다는 사실은 가치체계나 의미에 대한 감각을 지니고 있으므로 숭고한 것이다. 예를 들어 자신이 어디에 속하는지, 자신이 믿는 바가 무엇인지, 자신의 뿌리는 어디인지, 이런 질문들이 바로 감정과 관련된 것이다. '무드에 사로잡힌다'거나, '무드에 빠진다'는 흔히 쓰는 표현 때문에 이 용어를 사용하는 데 어려움을 느낀다. 여기서 어떤 무드에 있다는 말은 심리의 특성 중 여성성인 측면에 사로잡혀 있어서 남성의 외적 생활이 파괴될 수도 있는 비이성적인 요소에 압도되어 있다는 의미이다. 남성에게 여성성적인 측면은 그 남성을 깊은 내면세계로 연결해주고, 가장 심오한 자기(self)와의 다리를 놓는 역할을 한다.**

종종 남성은 무드나 감정(feeling) 사이에서 선택을 해야 한다. 이 둘 중 하나가 심리에 영향을 미칠 때 나머지 하나를 배려할 여지는 없다. 무드는 진정한 감정을 방해한다.

---

*심리유형을 분석할 때 감정 혹은 감정형이란 용어를 사용한다. 이 때 감정은 일반적으로 통용되는 개념과 차이가 있을 수 있다. 저자는 이 부분에서 융 심리학적인 개념으로 이 단어를 사용하는데 그 의미에 대해서는 본문 중에 설명한다.

**저자 주 : 엄격히 말해서 무드란 남성의 경험을 묘사할 때만 사용해야 한다. 이에 준하는 여성의 경험은 다른 용어가 필요할 정도로 경험 자체가 다르게 나타난다. 그러나 여성의 이러한 경험을 표현할 적절한 단어나 언어가 존재하지 않는다. 남성의 무드에 준하는 여성의 경험은 여성 내면에 존재하는 남성성의 측면과 관련이 되는데 날카로움, 공격성, 도전적 성향, 약점의 자극 같은 특질로 나타난다. 이는 모두 남성성 중 아주 발달이 미약한 경우 보여지는 특질이다. 이런 현상은 남성의 무드에도 마찬가지로 드러나는데 이에 관한 논의는 저자의 책 ≪신화로 보는 여성성, She(동연, 2006)≫을 참조하기 바란다.

무드가 감정을 느끼는 데에 어느 정도 기여한다고 하더라도 궁극적으로는 마찬가지다. 남성이 무드에 사로잡혀 있을 땐 진정한 감정에 대한 능력은 자동적으로 상실하게 된다. 결과는 관계가 단절되고 창의성을 잃어버리는 것이다. 예로부터 남자가 내면의 여성의 꼬임에 넘어갔다는 표현을 해왔는데 이럴 때 남성은 내면의 여성성을 적절하게 바깥으로 표현할 수 없게 된다. 무드의 지배 하에 있는 남성은 달빛 아래 놓인 해시계처럼 전혀 작동하지 못한다. 남성 내면의 여성은 바른 자리에 있을 때에야 비로소 '영감을 주는 여성(la femme inspiritrice)'이 되는 것이다. 그러나 남성이 내면의 여성을 마치 외투처럼 바깥세계와 관계를 맺는 데 이용한다면 내면의 여성이 이 남성을 돕지 않을 것이다. 내키지 않는 표현이지만 여기서는 '이용한다'는 표현이 타당하다. 무드로 세상과 관계를 맺을 때 그 사람은 주변 사람과 모든 것들을 '이용' 가치로 느낀다. 이는 대단한 유혹이다. 이와 달리 남성에게 감정은 탁월한 능력이다. 감정은 온기와 부드러움을 주고 관계를 유지하게 만들고 지각력을 지니고 있다.

종종 우리는 내면의 여성성을 외부세계에 살아있는 여성과의 관계에도 투사시킨다. 여성은 그 자체로 기적적인 존재이다. 그런데 우리가 내면의 여성에게 적용되는 법칙을 외부의 여성에게 적용하려 한다면 진정한 여성의 아름다움은 퇴색될 것이다. 그리고 내면의 여성에게 외부의 여성을 대하듯 하면 내면의 여성 또한 구름 속에 숨어버릴 것이다.

자신의 내면의 여성과의 관계에서 남성에게는 두 가지 선택의 여지가 있다. 먼저 남성이 내면의 여성을 거절하는 경우이다. 그러면 자연히 내면의 여성은 나쁜 무드나 파괴적인 유혹자의 형태로 변한다. 그렇지 않고 남성이 내면의 여성을 받아들여 삶의 여정을 함께할 내적인 동반자로 받아들일 때, 따뜻함과 힘을 주는 내적 힘이자 동반자임을 발견하게 된다. 만일 남성이 무드의 주술에 빠진다면, 즉 남성이 내면의 여성을 '바깥세계에 존재하는 여성'으로 오해한다면, 그 남성은 결국 관계 맺는 능력을 상실하게 될 것이다. 이는 그 남성이 좋은 무드에 있든 나쁜 무드에 있든 상관없이 항상 진실이다.

남성의 창조적 재능은 남성 내면의 성장과 창조를 위한 여성적 능력과 직접적으로 연관되어 있다. 남성의 천재성이란 남성 내면에 존재하는 여성성의 생산능력을 말하고, 이 창의적인 능력에 형태와 구조를 주어 외부세계에 드러내는 것이 그의 남성성의 문제이다.

괴테는 삶의 말년에 걸작 파우스트를 완성한다. 파우스트에서 그는 고귀한 결론에 도달하는데, 남성의 직분은 여성을 위해 봉사하는 것이라고 말한다. 결국 파우스트를 다음의 글귀로 종결한다. "영원한 여성이 남성을 앞으로 나아가게 만든다(The Eternal Femine draws us onward)." 괴테의 이 표현은 분명히 내면의 여성에 관한 언급이다. 성배에 이바지하는 것은 결국 내면의 여성에게 이바지하는 것이다.

눈치가 빠른 여성은 남성이 무드에 압도될 때 즉시 알아차린다. 무드에 지배되는 순간 남성의 모든 관계가 중단되기 때문이다. 남성의 눈동자가 흐려질 때 여성은 본능적으로 그 남성에게 어떤 관계가 포기되었다는 사실을 느낀다. 심지어 좋은 무드라 할지라도 관계에 상처를 입힌다. 무드가 상황을 지배할 때 관계를 맺는 능력이나 객관성과 창의력은 끝장이 난다. 우리들의 아니마 무드와 유사한 힌두 표현을 여기에 빌어오면 '마야 여신에게 봉사하는 것은 모든 실체를 대가로 지불하는 것이고, 자신의 공간을 마치 공기와 같은 비실체들로 대치하는 것'이다. 신화는 종종 영원한 언어로 과장해 표현하는데, 성배의 비전을 경험할 수 있는 기회는 영원히 사라지지 않는다. 그러나 무드가 지배하는 한 성배는 존재하지 않는다. 무드는 객관적 세계의 특질에 강한 인상을 남겨 세상의 진정한 광휘에 관한 객관적인 비전을 잃게 만든다. 말 그대로 타고난 권리를 팔아 그 자리에 환상을 채우는 것이다.

무드에 사로잡혀 생길 수 있는 최악의 경우는 삶의 의

미를 모두 잃어버리게 되는 것이다. 갑자기 내면의 여정에서 외적 상황만이 절대적인 의미를 지니게 되고 삶의 내적 의미는 서서히 소멸하게 된다. 이 경우 자신의 가치와 행복은 외적 상황에만 좌우된다. 새 물건을 사들이는 일이나 누군가의 환심을 사는데 집착하여, 자신의 내적 의미만이 유일하고 안전한 가치를 지님에도 불구하고, 내적인 의미는 전혀 깨닫지 못한다. 무드에 사로잡힌 사람은 객관적인 세계와 유리된다. 그런데 이 객관적인 세계는 그 자체로 진정한 아름다움과 장엄함과 심오한 의미를 지니는 것이다.

우울과 자만(Depression and Inflation)

우울(depression)과 자만(inflation)은 무드의 다른 이름이다. 둘 다 자기보다 다른 어떤 것에 압도당한 감각이다. 이는 남성 속에 있는 취약함과 자신감의 결여로 나타난다.

무드는 자신의 가치와 의미를 외부의 사람이나 물건들로 대신 채우려는 것이다. 미국 사람들이 차고에 왜 그렇게 허섭스레기들을 높이 쌓아 놓겠는가? 자신에게 의미가 된다고 생각하는 것들을 사가지고 와서는 바라던 바가 충족되지 않으면 차마 버리지는 못하고 그냥 쌓아두어서 그렇게 된 것이 아닌가? 물질적인 것은 그 자체로 타당성을 지닌다. 그리고 삶에 적절하게 연관이 될 때 가치를 지니게 된다. 그런데 물질을 통해 내면적인 가치를 충족시키려 한다면 그 결과는 비참해진다. 물질적인 대상들이 내적가치를 가질 수 있는 유일한 경우는 상징이나 의례의 의미를 지니는 경우이다. 물질이 의식적으로 가치가 있다는 사례를 들자면, 친구로부터 받은 선물이 두 사람 사이에 존재하는 높은 가치를 상징할 수 있다. 상징이나 의례의 가치를 제외하고 물질에서 다른 가치를 찾으려 한다면 결국 실패할 것이다. 주차장에 쌓여 있는 물건더미만 더 높아지게 된다. 물건 그 자체는 좋은 것도 나쁜 것도 아니다. 어느 토요일, 한 남성이 장비를 챙겨 낚시를 간다. 낚시터에서 아주 여유롭고 멋진 시간을 보낸다. 바로 그 다음 주 토요일에 이 남자는 다시 그 자리로 낚시를 간다. 그런데 이날은 자신의 아니마의 공격을 받았는지 낚시에서 돌아왔을 때 기분이 엉망이었다. 이 두 경험의 차이는 결국 의식의 상태에 따라 달라진 것이다. 외적 가치와 내적 가치는 둘 다 중요한 의미를 지닌다. 그러나 이 둘이 서로 섞이거나 혼돈이 일어날 때 문제가 발생한다.

남성이 무드의 지배를 받을 때는 진정으로 자기 내면의 집에서 주인이 되지 못한다. 내면의 집에 침입자가 등장하여 제일 주요한 자리를 차지하고 자신은 그 침입자와 싸우느라 에너지를 소모하게 된다. 불행하게도 이런 상태에서는 외부의 상황에 제대로 대처할 수가 없다. 이 경우 자기 내면의 전투를 직면하는 것이 유일하고 적절한 대응책이다. 그러나 대개 이런 경우 아내나 주변 환경과 싸움을 시작한다.

신화에서는 영웅이 자기 내면과의 전투를 용과의 싸움으로 묘사한다.* 현대인은 중세의 기사들보다 용과 싸울 기회가 적다. 신화를 업데이트하면 이런 신화적인 드라마를 극적으로 체현할 수 있다. 만일 여러분이 내면에 무대를 만들 수 있다면 용이나 심지어 아리따운 처녀나 적기사와의 드라마를 연출해 볼 수 있을 것이다.

행복(Happiness)

좋은 무드는 나쁜 무드보다는 덜 위험하다. 행복이 주어지기를 원하거나 자기 주변에서 행복을 추구하는 것은 내면에 존재하는 아리따운 처녀를 유혹하는 어두운 기술이다. 이런 상황은, 비록 가시적으로는 그렇게 명백하게 보이지 않을지라도, 아리따운 처녀에게 유혹당하는 것보다 더 성배를 우리 시야에서 멀어지게 만든다.

무드에 관하여 우리가 일상에서 쉽게 간과하는 점이 있다. 그러나 이는 명백히 구분지어야 할 필요가 있다. 남성

---

*용의 개념에 대한 동양과 서양의 차이가 있다. 서양에서는 원시적이고 혼란스럽고 파괴적인 무의식의 대표적 상징으로써 용의 개념이 우세하다.

들 사이에 대체로 좋게 평가되는 특질로 원기 왕성하고, 세상의 모든 것을 다 가진 듯하고, 정열적이고, 반은 의식통제가 안 되는 듯한 경우도 사실은 무드에 사로잡힌 것이다. 이런 들뜬 무드 또한 암울한 무드만큼이나 위험하다. 어두운 무드에 있을 때 남성은 자신의 내면에 있는 여성 아니마를 유혹하여 아니마로 하여금 "당신이 나를 행복하게 만들어 줄거야!"라고 소리치게 만든다. 이는 행복을 원하는 자아의 요구에 대해 아니마가 크게 부응하지 못하게 만들거나 아니마로 하여금 쉼 없이 쾌락을 추구하도록 만든다.

원기 왕성한 무드에 사로잡힌다는 것은 내면의 여성에게 유혹당한다는 얘기다. 그를 기분이 들뜨게 만들어 어지럽도록 높이 날려 보내 그가 원하는 행복의 모습을 그대로 보여준다. 그런 유혹은 나중에 우울증이란 큰 대가를 치르고서야 다시 땅으로 내려오게 된다. 우울증에 빠진 남자를 끌어올리거나 들뜬 상태의 남자를 끌어내리는 데는 많은 시간이 소모된다. 이 평정심의 경지를 고대 중국인들은 중용의 길이라 불렀다. 바로 여기가 성배가 존재하는 곳이자 이름에 부합하는 행복을 찾을 수 있는 장소이다. 이곳은 회색지대나 타협의 장소가 아니라 진정한 색채와 의미, 행복이 있는 곳이다. 있는 그대로, 바로 우리가 있을 진정한 집이다.

유혹의 한 가지 형태는 어떤 경험에서 맛볼 즐거움을

행복
다섯 개의 꽃잎이 각각 부, 장수, 평화, 덕, 건강이라는 지상에서 얻을 수 있는 다섯 가지 행운을 의미한다. 행복의 상징이다.

미리 다 짜내는 것이다. 캠핑을 가기로 한 두 젊은이가 있다. 이들은 며칠 전부터 신이 나서 여행 가서 얼마나 재미있게 놀지 계획을 세웠다. 모든 무드의 특징들이 나타났다. 장비의 일부가 갑자기 성배가 된다. 칼이 얼마나 날카로운지, 로프가 얼마나 말을 잘 듣는지 그 효율성에 경탄한다. 여행 가서 맛볼 즐거움을 너무 일찍 우려먹는 것이다. 나중에 듣기로 이들은 계획한 장소에 가서 반나절 빈둥거리다 뭘 해야 할지 몰라 차를 타고 당일로 돌아왔다고 한다. 막상 그곳에 갔을 땐 아무것도 느낄 수 없었던 것이다. 경험도 하기 전에 모든 즐거움을 미리 맛봐 버린 탓이다.

행복의 본질에 대해서 현대 서구의 남성들이 근본적으로 오해하는 점이 있다. 어원이 시사하는 바가 많다. 행복(happiness)이란 단어는 '그냥 일어나다(to happen)'라는 동사에서 유래했다. 이는 행복이 만들어내는 것이 아니라 저절로 내면에서 피어나는 것임을 암시한다. 우리들보다 덜 복잡한 곳에서 단순하게 살아가는 사람들은 이런 식으로 살아가고 있다. 그들에게는 우리가 이해할 수 없는 행복감과 평온함이 느껴진다. 행복할 거리라고는 찾을래야 찾을 수 없어 보이는 가난한 인도의 농부가 어떻게 그렇게 행복할 수 있는 것일까? 또 행복할 거리라곤 별로 없어 보이는 멕시코의 일용 노동자들 또한 어쩌면 그렇게 걱정 하나 없이 행복해 보일 수 있을까? 이들은 행복의 기술, 즉 주어진 것에 만족하는 법을 알고 있는 것이다. 행복은 그들에게 저절로 솟아난다. 곧 점심 먹을 생각에 행복해지지 않는다면 그 어느 것에도 행복해질 수 없을 것이다.

힌두의 어느 현자가 가르쳤듯이 신에 대한 최고의 경배는 그냥 행복한 것이다. 이 때의 행복은 가장 심오한 의미에서의 행복으로 무드와는 전혀 다른 것이다. 트라피스트 수도사였던 토마스 머튼(Thomas Merton)은 행복감을 느낄 때는 많았지만 즐거운 적은 한 번도 없었다고 말한 적이 있다. 이 표현이 행복과 무드를 구분하는 또 다른 방법이기도 하다.

사람들이 기대하지도, 계획하지도 않지만 감기에 걸리는 것처럼, 무드에 사로잡히는 것도 마찬가지라고 생각해 왔다. 하지만 무드는 목적이 내재된 무의식의 산물이라는 사실을 서서히 깨닫게 된다. 감기를 피하려 노력해도 한 번씩 걸리듯이 무드에 사로잡히는 것도 피하려고 의식적으로 애써봐야 소용없다.

무드는 열정(enthusiasm)과 대비될 수 있다. 우리가 사용하는 단어 중 가장 아름다운 것 하나를 든다면 단연 열정을 들 수 있다. 열정은 '신으로 가득 찬(en-theo-ism)'이란 뜻이다. 열정을 느낀다는 것은 대단히 가치 있고 소중한 경험이다. 그와 정반대로 무드에 사로잡히는 것은 고통스러운 일이다. 당신이 웃음을 터뜨릴 때, 그게 신의 환희(joy)로 가득 찬 상태라면 신성한 것이지만 무드에 들뜬 것이라면 신성모독이 된다. 행복은 진정한 것이지만 무드는 우울을 불러올 뿐이다.

가까이 있는 남성이 무드에 빠졌을 때 이런 남성을 대하는 것이 여성에게는 미묘한 도전이 된다. 이 때 자기 내면에 있는 유사한 부분, 즉 무드에 사로잡혀 이 남성을 대하면 그를 더 자극하여 상황이 아주 험악해질 수 있다. 하지만 현명하게 이런 상황을 바꿔 놓을 수도 있다. 만일 무드에 빠진 남자보다 더 여성적이 되어 자기 내면에 깊숙이 자리한 여성성에 반응하면, 엉뚱하게 표출되는 남성의 여성성과 대조적으로, 남성이 현실을 제대로 보게 되어 무드에서 빠져 나올 수 있게 된다. 이럴 때 대부분의 여성은 남성을 자극하거나 되받아 공격하려는 유혹을 느낀다. 그러나 남성이 무드에 사로잡혀 마구 휘둘릴 때 여성이 여성성을 발휘해 남성의 의지가 되어준다면, 이보다 더 자연스럽고 창의적으로 여성성을 표현할 길은 없을 것이다. 이는 여성이 자기 내면에 있는 여성성의 왕국을 지키기 위해 수많은 용과의 싸움을 한 결과로 얻어지는 것이다.

여성이 꼭 명심할 것 하나를 더 덧붙이자면, 남성은 여성에 비해 여성적인 것에 대한 통제와 자각이 훨씬 덜 발달되어 있다는 점이다. 의외로 많은 여성들이 여성적인 요소 안에서 늘 변화하는 빛과 어둠, 천사와 마녀 사이의 작용을 여성들만큼 남성들도 잘 통제할 수 있으리라 생각한다. 어떤 남성도 여성이 지닌 만큼의 통제력을 발휘할 수는 없다. 여성이 이 사실을 이해한다면 여성 자신보다 여성성에 대한 이해가 몇 광년이나 뒤떨어져 서투르게 뒤따라오고 있는 남성에 대해 좀 더 인내심을 가지고 이해하게 될 것이다. 삶의 다른 면에서는 그 반대 경우도 있지 않은가?

우리는 파르시팔과 블랑시 플레르의 신화에서 남성과 그의 내면에 있는 여성이 완벽하게 관계를 맺는 예를 볼 수 있다. 그들은 가까이서 서로를 따뜻하게 지켜주며 삶의 의미를 부여한다. 이들의 관계에 유혹은 존재하지 않는다. 이것이 바로 남성과 그 내면의 여성에 관한 고귀한 정의이다. 하지만 이 예를 남성과 육체를 가진 여성과의 관계로 생각한다면 아주 우스꽝스러워진다. 기사도를 다루고 있는 중세의 지침서를 따르는 남성들은 이 부분을 잘못 해석해서 큰 혼돈을 겪어왔다. 내면의 관계에는 나름의 법칙이 존재하고, 외적인 관계에도 마찬가지로 나름의 법칙이 명백히 존재한다. 이 둘을 뒤섞으면 안 된다.

4 | 성배의 성 *The Grail Castle*

| 3중 나선 |
진화를 향한 역동적인 움직임의 상징으로
고대 아일랜드에서 발견된 이미지다.

우리들의 이야기는 계속된다.

영웅의 여정에 나선 파르시팔은 온종일 여행을 계속한다. 해가 지자 지나가는 사람들에게 주변에 하룻밤을 보낼 숙소나 선술집이 있는지 묻는다. 누군가 근처 30마일 이내에는 인가가 없다고 일러준다.

잠시 후 파르시팔은 호수에 배를 띄우고 낚시를 하고 있는 사람을 만난다. 그에게 밤을 보낼 곳이 어디 없겠냐고 묻자 어부(어부왕)는 파르시팔을 자신의 누추한 처소로 초대한다. "길을 따라 조금 내려가다 왼쪽으로 돌면 해자(垓子)* 위에 놓인 들림다리가 보인다네. 그 다리만 건너면 되

---

*해자(垓子): 성벽 주변에 구덩이를 파서 성벽으로 오르는 적병들을 막기 위해 설치한 도랑이나 연못을 말한다.

네." 파르시팔은 어부가 가르쳐 주는 방향으로 간다. 막 다리를 건널 무렵 갑자기 다리가 철컥 올라가면서 말의 뒷발굽을 친다. 성배의 성에 들어가는 것은 대단히 위험한 일이다. 왜냐하면 그곳은 바로 어부왕이 사는 집이기 때문이다. 상상 속의 상징세계로 이동할 때 대부분의 젊은이들은 말 등에서 떨어진다.

파르시팔이 성의 한가운데에 도착하자 젊은이 넷이 나와 그의 말을 끌고 간다. 파르시팔을 목욕시켜 깨끗한 옷으로 갈아입히고는 성의 주인인 어부왕에게로 인도한다. 왕은 다리에 입은 상처 때문에 자리에서 일어나 제대로 맞이하지 못함을 사과한다. 그 자리에는 파르시팔을 맞이하기 위해 성에 있는 신하들(사백 명의 기사와 귀부인들)이 모두 나와 있다. 성대한 환영식이 벌어진다.

눈앞에 웅장한 배경이 펼쳐진다. 우리는 파르시팔이 우연히 내면세계로 흘러들어 왔음을 알 수 있다. 그러나 이 세계는 영혼의 자리이자 필연적으로 변화가 일어나는 자리이다. 여기서는 특히 숫자 '4'가 강조된다. 4백 명의 기사와 귀부인, 네 명의 젊은이들, 주요한 지점을 보여주는 4면에 큰 화로가 있다. 이 성이 바로 최후의 만찬에 쓰였던 성배가 보관되어 있는 곳이다.

이제 성대한 환영식이 펼쳐진다. 어부왕은 자기 자리에서 고통으로 신음하고 있다. 이 때 아리따운 처녀가 예수의 옆구리를 찌른 창을 가져온다. 또 다른 처녀가 최후의 만찬에 쓰였던 성반을 들고 나온다. 마지막으로 세 번째 아리따운 처녀가 성배를 들고 나온다.*

성대한 만찬이 거행된다. 자신이 원하는 것이 무엇인지 미처 생각하기도 전에 자기가 좋아하는 것이 성배나 성찬 접시에 주어진다. 어부왕을 제외한 모든 이들에게 성배에 담긴 포도주를 마시도록 허용된다. 그러나 어부왕은 상처 때문에 성배를 마실 수 없다. 이로 인해 왕의 상실감은 더욱 커진다.

어부왕의 조카딸이 칼을 들고 나오자 왕이 파르시팔의 허리에 그것을 채워준다. 이 칼은 이제 평생 파르시팔의 것이 된다. 바로 여기서 젊은이들은 남아있는 생의 과업을 완수하는 데 필요한 성숙한 남성성과 힘을 얻게 된다.

성배의 성에는 또 다른 선물이 하나 더 있다. 이를 얻기 위해 파르시팔은 중요한 시험을 통과해야 한다. 구르몽이 파르시팔을 수련시킬 때 가르쳐 주었던 것이다. 성배를 찾으면 "성배가 누구를 위해 존재하는가?"라는 질문을 던지라고 일러주었던 것이다. 이 질문을 던지면 엄청난 삶의 풍요로움이 마구 쏟아질 것이고, 그 질문을 하지 않으면 성배를 든다고 할지라도 그 안에서 풍성함이 흘러나오지 않는

---

*이곳이 남성의 심리에서 내면의 여성들이 존재하는 바른 자리이다. 내면세계의 다양한 가치를 남성의 의식으로 연결하는 것이 바로 이 여성들이다.

다고 했다. 그러나 구르몽의 가르침과는 달리 파르시팔의 어머니는 길을 떠나는 아들에게 너무 많은 질문을 하지말라고 충고했었다. 이러한 어머니의 충고는 불평 많고 참을성 없는 젊은이에게는 유용한 것이지만 이 경우에는 치명적인 실수를 하게 만든다. 어머니의 충고에 더 비중을 둔 파르시팔은 성에서 펼쳐지는 모든 장관 앞에서 벙어리가 되어 서 있었다. 열 여섯 살 먹은 시골아이가 이런 순간에 생의 가장 중요한 질문을 던질 힘이나 용기를 내기는 쉽지 않으리란 것은 이해할만하다. 이 질문을 던지려면 의식이 그만큼 발달되어 있어야 한다.

그보다 더 중요하고 결정적인 것은 성배의 성에는 전설이 하나 전해 내려오고 있는데 언젠가 순진한 바보가 성으로 흘러와 성배에 관한 질문을 하면 상처 입은 어부왕이 낫게 된다는 것이다. 성에 있는 모든 사람들이 이 전설을 알고 있기에, 순진한 바보의 특징을 모두 지닌 파르시팔이 과연 치유의 질문을 던질 것인지 모두가 주의 깊게 지켜보고 있다.

하지만 파르시팔은 그 질문을 하지 않는다. 고통으로 신음하고 몸부림치던 어부왕은 곧 자기 방으로 돌아간다. 다른 기사와 귀부인들도 흩어지고 파르시팔은 네 명의 젊은이에 의해 침실로 인도된다.

다음날 아침 깨어났을 때 파르시팔은 혼자이다. 말 안

장을 얹고 들림다리를 건너자 말의 뒷발굽을 건드리며 철컥 다리가 닫힌다. 다시 한번 위험한 전환이다. 그는 다시 평범한 세상으로 되돌아온다. 성은 온데간데없이 사라진다. 이 순진한 바보는 '30마일 이내에 아무도 살지 않는' 곳에 서 있다.

잃어버린 성배의 성(The Grail Castle lost)

내면의 삶에서 가장 중요한 사건이 이 성배의 성 이야기에 기술되어 있다. 누구나 15~16세 무렵 우연히 성배의 성에 발을 들여놓게 된다. 그곳에서 앞으로의 삶에 전반적으로 영향을 미칠 비전을 얻는다. 파르시팔이 그랬던 것처럼, 이 시기에는 아직 준비가 되지 않아서 그 경험을 의식화하고 안정시키는 데 필요한 질문을 가지고 있지 않다. 아무 기대 없이 성으로 들어가 분위기에 압도되어, 다리가 들어올려질 때 낙마하지 않는다면, 다음날 아침 예전과 똑같이 평범한 세상으로 돌아와 있는 자신을 발견하게 된다.

남자들은 대부분 온 세상이 광채를 발하며 말로 표현할 수 없는 아름다움으로 충만했던 젊은 날의 그 마술 같던 삼십 분을 잊지 못한다. 그게 일출이든, 경기장에서의 환희에 찬 한 순간이든, 홀로 나선 고독한 산행길에서 모퉁이를 돌 때이든 눈앞에서 내면세계의 장관이 펼쳐진 순간이다. 이런 천상의 열림을 감당할 수 있는 젊은이는 아무도 없다. 그래서 대부분 이런 경험을 구석으로 밀쳐놓는데 그렇다고 결코 그 기억을 지워버릴 수도 없다. 일부는 너무 혼란스러워서 마치 아무 일도 없었다는 듯 무시해 버리는 길을 택한다. 또 다른 일부는, 소수이지만, 그 비전이 너무 감동적이어서 파르시팔처럼 평생토록 성배의 성을 찾아나선다. '길을 따라 가다가 왼쪽으로 틀어 들림다리를 건너가기'만 하면 된다. 하지만 너무나도 단순한 이 방향지시가 시야에서 그 장소를 가려버리도록 만든다. 우리는 얼마나 여러 번 일출을 보러가거나, 혹은 성배의 행렬이 지나간다고 알려진 마법의 장소를 찾아다녔던가? 남성에게 남겨진 성배의 성의 각인은 지울 수가 없다. 각인이 강하게 남았다면, 그는 평생 이것으로 인해 영감을 받거나 괴롭힘을 당한다.

왜 파르시팔에게 이 영광된 세계의 문이 열렸을까? 파르시팔은 왜 어부왕의 상처를 치유할 그 단순한 질문을 할 수 없었을까? 그 질문을 하라고 배우고도 그 가르침을 따르지 못하는 그가 바보처럼 보이지 않는가? 꼭 그렇지만은 않다. 파르시팔이 질문을 하지 못한 이유는 바로 너무 순진했기 때문이다.

어머니 콤플렉스(The Mother Complex)

파르시팔의 어머니가 직접 손으로 짜준 옷을 기억하는가? 그가 성배를 보았을 때 제대로 알아보고 감사하지 못했던 원인이 바로 기사의 갑옷 아래 숨겨진 어머니의 잔재 때문이다. 남성이 어머니 콤플렉스에 싸여있는 한 그는 성배를 알아보지 못한다. 더 나쁘게는 어부왕의 상처를 낫게 할 바른 질문을 하지 못한다. 청년이 어머니가 짜준 옷을 벗는 것은 대단히 어려운 과제다. 많은 남성이 어머니 콤플렉스에서 벗어나지 못하는데 그것이 바로 어머니가 짜준 옷이란 상징에서 드러난다. 이 결정적인 이슈를 들여다보기 위해 잠시 주제에서 벗어나 남성들이 여성적인 것들과 맺는 관계에 대해 얘기할 필요를 느낀다.

기본적으로 남성이 여성적인 세계와 맺는 관계를 여섯 가지로 나누어볼 수 있다. 여섯 가지 모두가 남성세계에는 유용하고 각기 나름대로 가치를 지니고 있다. 어려움이 발생하는 것은 이것저것이 뒤섞일 때이다. 이런 어려움들은 남성들의 여정에 대단히 중요하다. 남성 속에 있는 여섯 가지 여성적 요소들은 다음과 같다.

1. 육신의 어머니 : 낳고 길러준 어머니인 이 여성은 개인적인 습성과 개성과 고유함을 지니고 있다.

2. 어머니 콤플렉스 : 전적으로 남성 내면에서만 존재한다. 어머니에게 의존하던 때로 돌아가 아이가 되고 싶은 남성의 퇴행적인 경향이다. 충족될 수 없는 남성의 소망이자 패배주의적인 경향으로 남성이 죽음이나 사고에 대한 묘한 매혹이나, 혹은 누군가 자신을 돌봐주기를 바라는 욕구이다. 어머니 콤플렉스는 남성의 심리에 독약과 같다.

3. 어머니 원형 : 어머니 콤플렉스가 독약이라면 어머니 원형은 순금이다. 신의 절반인 여성이며, 우주의 풍요로움이자 어머니인 자연이기도 하다. 언제나 우리를 풍요롭게 만든다. 이 어머니 원형의 풍성함 없이는 단 한순간도 살아갈 수 없다. 늘 기댈 수 있고 자양분이 되어주고 우리 삶을 지탱해준다.

4. 아리따운 연인 : 남성의 심리 구조 속의 여성적인 요소이다. 남성의 삶에 내면의 동반자이자 영감을 주는 아리따운 처녀이다. 파르시팔의 블랑시 플레르, 돈키호테의 돌시네아, 단테의 베아트리체가 여기에 속한다. 남성의 삶에 의미와 색채를 주는 것이 바로 이 여인이다. 융은 남성의 삶에 생기를 주고 생명을 불러일으키는 이 특질을 아니마(anima)라 이름 붙였다.

5. 아내나 파트너 : 남성과 삶의 여정을 함께하는 피와 살을 가진 동반자이다.

6. 소피아 : 지혜의 여신으로 신의 여성적인 측면이다.

유대 신비주의에서 세키나(Shekinah, 유대교에서 하나님의 현현을 의미하는 말)라 부른다. 지혜가 여성이라는 사실이 남성에게 충격적으로 들릴지 모르나 수없이 많은 신화에서 여성으로 묘사되어 있다.

남성에게 이런 여성적 특질 모두가 유용하다. 심지어 가장 다루기 힘든 어머니 콤플렉스조차도 유용하다. 역작 파우스트에서 괴테는 자신이 지닌 어머니 콤플렉스에 의존해야 했다. 그의 어머니 콤플렉스가 궁극적으로 최후의 구원이 일어나는 어머니의 장소로 인도한다. 문제는 한 측면이 다른 측면과 뒤섞이거나 분간이 안 될 때 발생한다. 불행하게도 우리는 서로 뒤섞어 문제를 만드는 경향이 많다. 다른 측면들이 뒤섞인 혼란스러운 사례를 통해 이 혼동이 어떤 파괴력을 지니는지 살펴보자.

만일 남성이 자신의 어머니와 어머니 콤플렉스를 혼동한다면, 이 남성은 어머니 콤플렉스로 인해 자신에게 일어나는 퇴행적인 성향에 대해 실제 어머니를 비난하게 된다. 이런 남성은 자기 어머니를 마치 자신을 패배시키려 애쓰는 마녀로 보게 될 것이다. 젊은 남성이 자신이 지닌 퇴행적인 어머니 콤플렉스로 인해 자기 어머니나 어머니를 대신할 수 있는 사람을 비난하는 현상은 흔히 일어난다.

만일 남성이 어머니 원형과 자기 어머니를 혼동하게 되

연어
먼 바다에서도 고향을 찾는 속성 때문에
예언과 영감의 상징으로 간주된다.

면, 이 남성은 살아있는 자기 어머니가 자신을 위한 수호신 역할을 하기를 기대한다. 그러나 이런 역할은 원형만이 제공할 수 있는 것이다. 이런 남성은 어머니적인 세상에 대해서도 어리석을 정도로 많은 요구를 한다. 그리하여 자기는 노력하지 않으면서 마치 세상이 자기에게 갚을 빚이라도 있는 것처럼 행동한다.

만일 남성이 자신의 아니마와 자기 어머니를 혼동하면 이 남성은 자신의 내면의 여성인 아니마에게 어머니 역할을 기대하게 될 것이다.

남성에게 아주 일상적으로 일어나는 혼동은 어머니와 아내가 겹쳐지는 것이다. 이런 남성은 아내가 자기 동반자이기를 원하는 것이 아니라 어머니 역할을 해주기를 기대하며, 아내에게 어머니의 역할을 요구할 것이다.

소피아는 모든 남성의 삶에 영향력을 많이 미치는 것이 아니기에 이런 요소가 반드시 등장하지는 않는다. 만일 남성이 자기 어머니와 소피아를 혼동한다면 어머니가 여신 같은 지혜를 소유하고 있다고 생각할 것이다. '언제나 어머니가 모든 것을 제일 잘 아신다'는 태도이다. 소피아 원형과 어머니의 혼동은 좋지않은 결합이다.

다른 결합과 혼동은 여러분 자신이 탐구하도록 남겨두려 한다. 이들 결합은 모두 부정적이다. 이는 여성성 자체가 부정적이란 말이 아니라 단지 의식의 차원에서 서로 뒤섞여 혼동되면 부정적인 결과를 초래한다는 말이다.

이제 파르시팔 이야기로 되돌아가 보자. 파르시팔은 왜 성배의 성에서 실패하는가? 그것은 어머니 콤플렉스를 상징하는 어머니가 손수 짜준 외투를 벗지 않았기 때문이다. 이로 인해 구르몽이 가르쳐 준 명료함과 힘을 잃어버리고 반드시 물어야 할 질문을 제대로 하지 못하는 대가를 치른다. 만일 남성이 지니고 있는 자연적인 힘에 어머니 콤플렉스가 끼어든다면 이런 남성은 성배와 지속적인 관계를 유지할 수 없다. 파르시팔은 이후 20년 동안이나 성실하게 기사수업을 받은 뒤, 비로소 어머니가 짜주신 외투를 벗을 수 있었다. 성배의 아름다움을 견딜 수 있을 정도로 강한 남성이 된 것이다. 남성이 어머니가 짜준 외투에 싸여있는 한 순간적으로 우연하게 성배의 성을 체험하는 그 이상으로 성배와 함께할 수는 없다. 그리고 어부왕의 상처도 치유되지 않는다. 파르시팔이 앞으로 경험하는 모험은 모두 어머니가 짜준 외투를 벗어버리기 위한 것이다. 일반적으로 성배의 성을 다시 만나는 것은 중년에 이르러서다. 성배는 항상 가까이 있고 매 순간 이용이 가능하지만 남성의 삶에서 16세와 41세라는 이 두 큰 변화의 나이에 가장 쉽게 성배를 발견할 수 있는 듯하다.* 살아있는 한 매일 밤 성배의 성에서는 마법 같은 행진이 계속되고 있다. 하지만 일생에서 특별한 시기에만, 혹은 준비가 되었을 때만, 성배의 성의 광휘에 접근하게 된다.

남성이 맨 처음 성배의 성을 마주치는 순간 그 성에 머무르는 것이 이론적으로는 가능하다. 중세 유럽의 베네딕트회 수도자들은 수도원 생활에서 이런 가능성을 시도했다. 그 당시 사내아이가 태어나면 곧바로 수도원으로 데리고 가서 성배의 성에서 아이를 키운다. 심리학적으로 표현하자면, 이 아이가 절대로 성을 떠나지 못하게 만드는 것이다. 이 아이들은 '세상의 압박'에 지배를 받아본 적이 없다. 세속적인 관점으로 구애나 결혼, 어떠한 소유나 힘의 구조에도 예속되지 않는다. 이런 방식이 중세의 심성에는 맞을 수 있었다. 오늘날에도 이런 심성을 지닌 사람들을 발견할 수는 있다.

인도의 어떤 수도자들은 다른 방식으로 성배의 성을 지

---
* 저자의 최근 강의에서 성인의 삶 가운데 49세를 가장 주요한 전환기라 말한 바 있다. 심리분석가를 찾는 빈도가 가장 높은 나이가 이 때라고 한다.

킨다. 그들은 태어나서 열 여섯 살이 될 때까지 수도원에서 은둔 생활을 하고 열 여섯 살이 되면 세상으로 나가 결혼을 한다. 그러다가 첫아이가 태어나면 다시 수도원으로 되돌아와 여생을 보낸다. 일반적으로 서양에서 남성이 성배의 성을 만나는 16세와 45세 사이에는 30년 간격이 있는데 반해, 이런 수도자들의 경우는 성배의 성을 방문하는 두 체험 사이가 1년의 간격밖에 없다. 그러나 이런 방식은 중세의 단순한 심성으로는 가능하지만 현대인들에게는 맞지 않다.(이런 경우 아내와 자녀는 어떻게 되겠는가!)

성인이 되기 전에 성배의 성을 만난 경우 그 체험이 너무나 강렬해서 아주 무기력해져 버리기도 한다. 삶에 어떤 동기나 목표도 없는 듯 방황하는 젊은이들 중에는 흔히 자신이 본 성배의 성으로 인해 반쯤 눈이 먼 경우도 있다.

수많은 남성들에게 성배의 성을 만나는 체험은 너무 고통스럽고 이해하기 힘들다. 그래서 대부분의 경우 그런 경험을 한 즉시 "나는 아무것도 기억하지 못해"라고 부정하며 그 경험을 억압해 버린다. 그러나 이것은 무의식에 억압된 다른 경험이나 기억들처럼 쉽게 지워버릴 수 없다. 우리는 성배의 성을 나무 뒤나 주변에 있는 모퉁이를 돌다가도 만나게 된다. 무엇에 대한 갈망, 토요일 밤의 들뜸, 급커브를 돌면서 금속성 소음을 내는 차 바퀴는 모두 성배의 성에 대한 목마름으로 생각할 수 있다. 성배를 찾는 여정은 다양하게 표출된다.

청소년들에게 흔히 관찰되는 수탉과 같은 공격적인 행동은 성배의 성 체험을 지워버리려는 행동이다. 이것은 너무나 깊은 상처를 입어 견딜 수가 없자 그 고통에서 벗어나기 위해 도리어 거칠게 행동하여 위안을 삼는 것이다.

수많은 광고가 이런 목마름을 이용한다. 광고 전문가들이 얼마나 의도적으로 이런 일을 하는지 확실하지는 않지만 이들은 우리 내면에 있는 이런 목마름을 찾아내는 데 특별한 비법을 지닌 듯하다. 남성들에게는 간접적으로 성배라고 부르기만 하면 뭐든 팔 수 있다.

바로 이런 이유로 마약에 관심을 보이고 그에 전율한다. 마약은 '마술적으로' 성배의 황홀경을 체험하게 해준다. 마약은 황홀경을 맛보게 만들고 비전의 세계로 인도한다. 그러나 이런 체험은 잘못된 방식으로 유도하는 것이니만큼 엄청난 대가를 치르게 된다. 제대로 이런 경험을 하려면 당연히 오랜 시간이 걸리는 먼 길을 가야 한다. 성배의 체험에 지름길이란 없다. 누군가 이 과정을 속인다면 들림다리가 부적절한 시간에 닫혀버려 광기나 지옥 같은 고통에 갇혀버리는 경험을 하게 될 것이다.

자기 내면에 있는 성배를 누군가가 혹은 다른 어떤 것으로 대신할 수 있다면 그 어떤 대가도 치를 수 있을 것 같다. 호기를 부리거나, 마약을 하거나, 고속도로를 시속 150

킬로미터로 질주하는 등 사춘기 후반부에 보이는 이런 행동의 주된 동기는 성배에 대한 목마름이다.

만일 성배의 성을 탐험하는 여정에서 만나게 되는 수많은 가능성들에 곁눈질을 한다면 그 젊은이는 자신이 너무 빨리 변덕스럽게 늙어간다는 사실을 알게 될 것이다. 예전에 한 친구에게 어떻게 지내는지 물었던 적이 있다. 친구의 답은 참 정직했다. "글쎄, 로버트. 나는 점점 까다로운 사람이 되어가네." 이런 순간 성배는 아주 멀리 있다.

여성은 남성과는 아주 다른 방식으로 성배를 경험한다. 여성은 결코 성배의 성을 떠나지 않는다. 여성에게는 남성이 가지지 못한 우주가 있고 이 우주에서 아름다움을 느끼고 우주의 모든 것이 연결되었음을 느낀다. 이곳에서 여성은 마치 집과 같은 편안함을 체험한다. 남성은 끝없는 노력을 요하는 긴 여정을 떠나 바깥에서 뭔가를 찾아야 하는 반면, 여성은 자신이 항상 가지고 있는 것을 밖으로 드러내기만 하면 된다. 파르시팔은 끝이 없어 보이는 기사의 모험을 떠나지만 블랑시 플레르는 성에 머무는 것처럼 말이다.

아인슈타인은 말년에 "이제는 젊을 때 그렇게 나를 고통스럽게 만들었던 고독을 즐긴다"고 말했다. 이것이 바로 성배의 성을 회복하는 길이다. 현대판 기사들이 하는 영웅주의로 일생을 보낸 후에 아인슈타인은 성배의 성을 되찾은 것이다.

수없이 많은 남성들이 살과 피가 있는 여성을 만나 성배의 성에 대한 목마름을 해소해보려 한다. 이것은 상대방 여성이 가지고 있지도 않은 것을 자신의 필요에 충족시켜보려는 식이다. 그런데 이런 경우 사실은 여성이라는 존재가 바로 내면에 성배의 성을 간직한 기적 그 자체란 사실조차 이해하지 못한 것이다.

요즈음 서양인들이 동양 종교에 매혹되는 현상이 성배의 탐험과 직접적으로 연관되어 있다. 서양과 달리 전통적인 동양은 이분법적으로 세상을 바라보지 않는다. 비극적이지도 않고, 서양처럼 성과 속을 분리하지도 않는다. 전통을 존중하고 고수한 동양인들은 성배의 성에서 결코 멀리 벗어나 있지 않다.* 동양의 영적 스승들은 서양인들에게 "무엇 때문에 당신은 그렇게 서두르고 목말라 하는가?"라고 묻는다. 누군가 서양인을 '저 아리안 맹금류**들'이라 표현했다. 이렇게 서둘러서 성배의 성에 사로잡힌 사람들은 참으로 무시무시하다.

성으로 통하는 길을 연결했다가 다시 들려 사라지는 들림다리가 성배의 성이 지니는 특성에 관해 힌트를 제공해

---

*동서의 지리적인 구분에 상관없이 현대인은 누구나 이분법적인 세계관에 강한 지배를 받고 있다. 저자는 수십년 동안 인도에서의 체험을 토대로 동양에 대한 환상을 가지고 동양을 일반화하는 듯하다.

** 맹금류(猛禽類) : 몸이 굳세고 성질이 사나운 매, 부엉이, 수리 따위의 육식성 조류를 말한다.

준다. 이 다리는 물질적인 실체로 존재하는 것이 아니다. 이것은 내면의 실체요, 비전이며, 신비한 체험이고, 시다. 이 다리는 바깥세계에서는 결코 찾을 수 없는 것이다. 바깥세계에서 성배를 추구하면 결국 찾아헤매던 사람의 에너지가 소진되어 실망과 좌절만 남긴 채 끝이 난다. 그러나 여전히 외적인 것만을 실체로 받아들이는 믿음이 강하다. 대체로 외적 탐험이나 드라마가 내면탐구를 위한 연료가 되어주기를 기대한다. 우리의 기대가 뭐든 진실은 성배가 항상 우리 손안에 있다는 사실이다. 그러므로 성배는 밖에서 찾거나 무에서 유를 창조한다는 식으로 만들어내는 것이 아니다. 성배를 가려 그것을 볼 수 없도록 만드는 장애물들을 하나씩 걷어냄으로써 더 잘 발견할 수 있다. 중세 그리스도인의 속담 중에 "하느님을 찾는 행위는 하느님을 모욕하는 것이다"라는 것이 있다. 이 말은 하느님은 항상 현존하는데 하느님을 찾는다는 표현은 하느님이 모든 곳에 존재한다는 사실을 부인하는 것과 같다는 의미이다.

외과의사인 내 친구는 종종 심리분석을 하는 나에게 "부러지지도 않은 것을 고치려든다"며 놀려대길 좋아한다. 이미 손안에 있는 것을 찾아 헤매지 마라. 그러나 서양인들에게는 이 찾아다니는 과정이 필요할지도 모르겠다. 더 이상 찾아다닐 것이 없다는 사실을 배우기 위해서라도.

중국 이야기 중에, 어떤 물고기가 사람들이 방파제 위

에서 '물'이라고 하는 기적적인 물질에 관해 이야기하는 것을 들었다. 호기심이 많은 이 물고기는 친구 물고기들을 모아놓고 이 대단한 물이라는 것을 찾아 모험을 떠나겠다고 엄숙하게 선포한다. 친구들은 적절한 의례를 해주고 이 물고기를 떠나보낸다. 오랜 시간이 지난다. 친구들은 물을 찾아 떠난 물고기가 돌아오지 않자 실종되었다고 생각하고 더 이상 기다리는 것을 포기한다. 그 무렵 그 물고기가 집으로 돌아온다. 그 물고기는 나이가 들어 쇠약하고 지쳐 있다. 친구들이 서둘러 그를 맞으며 묻기를 "물을 찾았어? 찾은 거야?" 나이든 물고기가 "그래"라고 대답한다. "그렇지만 너희들은 내가 발견했다는 사실을 믿지 않을 거야." 그 말을 남기고 나이든 물고기는 천천히 헤엄쳐 간다.

예수의 여정과 파르시팔의 여정 사이에는 일치하는 점이 많은데 이는 대단히 교훈적이다. 여러 면에서 두 이야기가 닮았지만 주요한 차이점은 그리스도는 바른 방식으로 여정을 떠났다는 점이다. 그럼에도 불구하고 예수는 여전히 모든 단계를 거쳐야 했다. 예수가 열 두 살에 회당에 갔을 때 그의 부모는 예수를 나무란다. 이것이 예수가 맨 처음 경험한 성배의 성이었다. 그는 아주 심오한 어떤 것과 접촉했는데 그것은 바로 그의 남성다움과 강인함이었다. 예수는 성배의 성을 체험하고도 깊이 상처를 입지 않았다. 그 이유는 그가 성배의 성 체험을 이해했기 때문이다. 나중에 그는 이 성에서 영원히 살기 위해 두 번째 여정을 떠나야 했다. 예수는 아주 현명하게 이 모든 것을 행함으로 우리 모두가 따를 수 있는 본보기가 되었다. 나는 개인적으로 예수의 이야기보다 12세기의 성배 신화를 선호한다. 그 이유는 이 신화가 좀 더 현실적이고 인간적으로 진술하고 있기 때문이다. 나는 순교자보다는 파르시팔에게서 좀 더 쉽게 나 자신을 본다.

5 | 건기 *The Dry Years*

| 박쥐 |
여러 문화에서 어두움의 힘과 혼란을 상징하며
불교에서는 무지를 의미한다.

5

파르시팔은 성배의 성을 떠난다. 이제 그 성으로 돌아갈 권리를 되찾아야 한다. 그는 성배의 성에 두 번째 들어갈 기회를 얻으려고 오랜 세월 기사로서 일련의 모험을 하고 힘을 길렀다.

그는 연인의 시체를 안고 울부짖는 처녀를 만난다. 그녀는 눈물이 가득 고인 채, 자기 연인은 기사였는데 전에 파르시팔이 장난으로 저지른 어떤 일로 또 다른 기사와 격론을 벌이다가 죽게 되었다고 말해준다. 파르시팔은 죄책감을 느낀다. 그 처녀는 파르시팔에게 어디에 있었느냐고 묻는다. 그가 대답하자 30마일 안에는 인가가 없다고 의아해 한다. 그가 자신의 경험을 자세히 얘기하자 그녀는 "아,

성배의 성에 갔었군요"라고 말한다. 그런 경험에 대해서라면 남자들보다 여자들이 더 잘 알고 있다. 그러고 나서 그녀는 결정적인 질문을 하지 못한 파르시팔을 심하게 꾸짖는다. 이 일로 그는 더 깊은 죄책감에 빠져든다. 그녀가 파르시팔에게 이름을 묻는다. 이 책에서 우리는 여태 파르시팔이란 이름을 써 왔지만, 원래 신화에서는 이 때까지 그에게 이름이 없었다. 그는 이 순간 "파르시팔"이라고 내뱉는다. 성배의 성에 다녀오기 전까지 그는 이름, 즉 자기가 누구라는 정체성이 없었다.

파르시팔은 울고있는 또 다른 처녀에게로 간다. 그녀도 그가 이전에 순진하게 저지른 어떤 실수로 괴로워하고 있다. 이 처녀는 파르시팔에게 칼을 처음 사용하면 칼이 부러질 터인데 그 부러진 칼은 원래 그것을 만든 사람만이 고칠 수 있다고 일러준다. 그리고 일단 고친 칼은 다시는 부러지지 않을 것이라고 덧붙인다.

이 말은 젊은이에게 아주 유익한 충고이다. 청년들이 가지고 다니는, 대개 아버지와 스승을 흉내 낸, 남성적인 도구는 혼자 힘으로 제대로 들 수조차 없다. 젊은이라면 누구나 그가 흉내낸 남성성이 들려지지 않는 수치스러운 경험을 하게 된다. 그리고 부러진 검은 아버지만이 수리할 수 있다. 이는 아버지가 준 것은 아버지만 해결할 수 있다는 것을 의미한다. 바로 이럴 때 대부가 아주 중요한 조력자가 된다. 아버지로부터 받았지만 아버지 대신 수리해 줄 대부가 있다는 사실은 대단히 든든한 자산이다.

파르시팔은 많은 기사들을 제압하고 이 기사들을 아더왕의 궁정으로 보내어 왕에게 충성의 맹세를 시킨다. 또 수많은 처녀들을 구하고 포위된 성을 해방시키고 가난한 이들을 보호한다. 용을 베기도 하고 남자로서 삶의 중반기에 해야 할 모든 선행을 한다. 이 행위들은 문명이 제대로 돌아가도록 만드는 문화적인 과정이다. 우리는 흔히 용과 성에 얽힌 저주와 관련된 이야기를 대수롭지 않게 여기지만, 현대인들도 중세의 남성들과 다름없이 직접적으로 그런 일들을 겪는다. 현대인들은 그것을 콤플렉스나 무드 또는 그림자의 침입 등으로 부르고 있다. 내가 보기에는 신화에 묘사된 옛 표현이 지금 우리가 사용하는 용어보다 더 잘 기술 된 듯하다.

파르시팔의 명성이 아더왕의 궁정에까지 전해진다. 왕은 이 위대한 영웅을 찾아 길을 나선다. 파르시팔은 세상에서 가장 위대한 기사이다. 이는 바로 7년 동안 웃지 않던 처녀가 예언한 바 그대로이다.* 아더왕은 자기 영토의 꽃인 이 영웅을 찾기 전까지 한 곳에서 이틀 밤을 보내지 않으리라 맹세한다.

---

* 이 책의 전반부에는 6년간 웃지 않는 처녀로 되어 있는데 여기서는 7년이다. 원문대로 7년으로 번역을 하지만 저자의 착오로 생각된다.

바로 이 순간 파르시팔은 신비한 체험을 한다. 그가 기사로서의 여정을 계속하며 떠돌고 있을 때 공중에서 매가 기러기 세 마리를 공격하는 것을 보게 된다. 그중 한 마리에서 피 세 방울이 흘러 파르시팔이 서 있는 눈 위에 떨어진다. 이를 보는 순간 그는 트랜스* 상태에 빠진다. 이 때 파르시팔은 블랑시 플레르 외엔 아무것도 생각할 수 없게 된다. 이런 파르시팔을 아더왕의 기사들이 발견한다. 두 기사는 파르시팔을 아더왕의 궁정으로 데려가려 한다. 파르시팔이 이들을 떨쳐내려고 싸우는 와중에 한 기사의 팔이 부러진다. 바로 이 사람이 아더왕의 궁정에서 7년간 웃지 않던 처녀가 웃음을 터뜨렸을 때 야유했던 자이다. 파르시팔은 그녀에게 이 비웃음에 대해 복수할 것을 맹세했는데 이제 그 맹세가 이루어진 것이다.

세 번째 기사인 가웨인(Gawain)이 파르시팔에게 아더왕의 궁정까지 가겠느냐고 부드럽고 정중하게 요청하자 파르시팔이 이에 동의한다.

이 이야기의 다른 판본에는 태양이 눈을 녹여 핏방울 두 개를 없애버리자 파르시팔이 주술에서 벗어나 다시 움직일 수 있게 되었다고 한다. 해가 눈을 녹여 핏방울의 수를 줄이거나 가웨인이 그를 구출하지 않았더라면 파르시

---

* 트랜스 : 의례 중인 무당의 의식상태를 표현하는 용어. 평상시 의식상태가 아닌 초월적으로 변화된 상태를 의미하며 엑스타시와는 구분된다.

팔은 사랑의 트랜스에 사로잡혀 아직도 그곳에 있을지 모른다.

이 부분에 묘한 상징이 등장한다. 꿈이나 신화에서 어떤 숫자가 나타날 때 이는 아주 심층적인 집단 무의식이 작용하고 있는 것이다. 성배의 성에서 숫자 4가 강조된 걸 기억하는가? 여기서는 숫자 3이 두드러진다. 4는 집단무의식의 언어에서 평화, 전일성, 완성, 평온함을 상징한다면 3은 위급함, 불완전성, 불안함, 분투, 성취에 대한 상징으로 볼 수 있다.* 성배의 성에서 4의 특질을 깊이 체험한 파르시팔이지만 바로 지금 그가 살고있는 세상은 3의 특질을 다루어야만 한다. 그의 사랑과 기사로서의 탐색, 아더왕의 궁정에서 자신의 위치, 그리고 바로 지금, 이 자리의 것들이 그를 청한다. 파르시팔이 인간적인 차원의 삶을 살지 않으면 그 누구도 그가 성배의 성으로 되돌아 가는 길을 만들어줄 수 없다.

삶이 숫자 3의 지배를 받고 있을 때는 불완전한 시기이다. 이 때 해결책은 1로 줄이거나 4로 늘이는 것이다. 3은, 혹은 3으로 대표된 의식의 부분은, 그 강도나 강제력이 오래 지속되지 못한다. 만일 누군가 이렇게 마비될 것 같은

---

* 3을 완성의 숫자로 보느냐 4를 완성의 숫자로 보느냐에 관해서는 이견이 있다. 개인적으로 3과 4는 같은 의미를 지니나 동작에 초점을 둘 때는 3을, 그리고 그 결과에 초점을 둘 때는 4를 강조하는 견해를 선호한다.

성배
최후의 성찬 때 그리스도가 사용했다는
전설적인 잔으로 구원의 열쇠이다.

딜레마에 빠져있다면 그는 계속 나아가 직관과 깨달음의 상태인 숫자 4의 성질을 성취하거나, 혹은 겨우 살아남을 정도로 의식을 축소해야 한다.

    융은 말년에 상당한 시간을 3과 4가 지니는 상징을 연구하면서 보냈다. 그는 인류의 의식 수준이 3에서 막 4가 나타나는 단계로 진화하고 있다고 느꼈다. 그는 1948년 가톨릭교회가 새 교의에서 남성적인 요소로만 구성된 삼위일체에 성모를 포함시켜 성모마리아를 천국에 자리매김한다는 뉴스를 발표하자 이 소식에 환호했다. 융은 이로써 너무나 많은 불안과 갈등을 불러온 서구사회의 불완전한 발달단계가 완성되었다고 느꼈다. 상징이 실질적으로 힘을 발하는 데는 시간이 걸린다. 상징이 먼저 등장하고 나서, 그 영향력이 가시화되기까지는 시간이 걸리기 때문이다. 이 상징의 등장으로 우리에겐 가능성이 열렸다. 그러나 그 단계에 도달하기까지 아직 할 일이 많다. 융은 3에서 4로의

건기 95

진화에 나타난, 뭔가를 성취하고 달성하기 위해 주력해오던 의식상태에서 평화와 고요, 실존적인 존재로 특징지어진 상태로 나아가는* 의식의 확장에 기여하는 것이야말로 현대인이 성취해야 할 진정한 과업이라고 느꼈다. 여기서 핵심적인 내용은 4가 3을 포함하고 있지만 3은 4를 포함할 수 없다는 사실이다. 4의 의식수준을 가진 사람은 삶의 실용적인 문제들에만 한정되지 않고 전체를 폭넓게 다룰 수 있다. 3의 세계에 속한 사람은 숫자 4와 연관된 요소들을 제대로 통찰할 능력이 없다.

지금 우리는 인간의 의식이 삼위일체론에서 사위일체론으로 전환하는 시기에 있는 듯하다. 이는 현재의 세계가 빠져있는 극심한 혼돈상태를 진단하는 하나의 심오한 방법일 수 있다. 의식적으로는 이런 숫자가 지닌 상징성에 대해 아무것도 아는 바가 없는 현대인들도 빈번하게 3이 4로 변하는 꿈을 꾸었다는 얘기를 한다. 이는 전적으로 남성적인 시각으로 세계를 바라보는 것과 신을 삼위일체론적으로 보는 것에서, 여성성과 낡은 가치에 머물러 있을 때 누릴 수 없었던 다른 요소들을 포함하는 사위일체적인 시각으로 의식이 진화하고 있음을 시사한다.

이제 진화의 목적이 완벽의 이미지에서 완성이나 온전

---

* 다른 식으로 표현하면, 행위에서 존재, 즉 doing에서 being으로의 진화를 의미.

함의 개념으로 대치되어가는 것처럼 보인다. 완벽함은 아무 흠이나 얼룩도 없고 의심할 것도 없는 증류수 같은 순수를 의미한다. 전일성은 어두움을 포함하지만 어두움이 빛과 결합해 그 어떤 이상보다 더 사실적으로 총체성을 띠는 것이다. 이 진화는 경이로운 과제이다. 현재 우리 앞에 놓인 과제는 인류가 이런 결과와 성장을 달성할 능력이 있느냐는 것이다. 준비가 되었건 아니건, 우리는 벌써 이런 진행이 이루어지는 과정에 있다.

마리아의 해는 지나갔고 이 사건은 뇌리에서 잊혀져 가고 있다. 이 사건이 우리의 일상에는 아무런 직접적인 영향도 미치지 않은 듯하다. 하지만 이 엄청난 사건을 제대로 바라본다면 신학과 삶에 미치는 영향은 매우 지대하다.

네 번째 등장하는 요소에 정당한 권위와 명예를 부여한다면 이는 더 이상 적대시할 대상이 아니다. 이 요소를 배제하려고 할 때 부정적이거나 파괴적으로 된다. 어떤 요소가 사악하게 보일 때 진정으로 필요한 것은 의식의 구조 안에 그런 요소를 위한 적절한 장소를 마련하는 것이다.

남성은 자신의 어두운 면을 여성적인 것으로 간주했다. 그리하여 여성적인 측면과의 거리가 멀어졌고 수많은 여성을 마녀로 치부했다.* 중세에 거부했던 어두운 측면들은

---

* 영어에서 witch(마녀)란 단어는 wisdom(지혜)라는 단어와 어원이 같다. 마녀란 현명한 여자란 뜻으로 원래는 나이와 관계없이 치료를 하던 여자를 의미했다.

대부분 여성적인 것이다. 그래서 마녀를 화형에 처했다. 이는 특정 지역에 한정된 소수의 여성들에게만 자행된 사건이 아니다. 유럽에서 반종교개혁이 절정에 이를 때까지 화형당한 여성의 숫자가 사백만 명이 넘는 것으로 추정된다.*
얼마 전까지만 해도 그토록 어두운 것으로 간주되었던 요소를 이제 우리의 정신 안에 통합하려는 시도는 만만찮은 일이다. 어두운 요소를 되찾는 작업은 대단히 위험하다. 문 앞의 늑대를 두려워하고 적대시했던 사람이 갑자기 문을 열고 "자 이제 들어와"라고 할 수는 없지 않겠는가?

---

* 자료에 따라 일백만에서 육백만으로 추정하며 숫자의 편차가 많다.

6 | 추녀 *The Hideous Damsel*

| 저울 |

한 면은 파르시팔의 영웅담, 다른 면은 그의 그림자이다.
추녀의 역할은 일방적인 무용담에 가려진
파르시팔의 다른 면을 부각시켜
그의 온전한 모습을 드러내게 하는 것이다.

6

 파르시팔이 굴복시켜 궁정으로 보낸 기사의 수가 늘어남에 따라 아더왕의 영토와 세력도 확장되었고 파르시팔의 명성 또한 높아갔다. 아더왕은 궁정에서는 만나기 어려운 이 기사를 찾아 전국을 뒤진다. 어느 날 파르시팔을 찾게 되자 궁정의 상석에 앉히고는 사흘 동안 그를 위한 잔치와 경기를 벌인다. 파르시팔은 분명 이런 영예를 받을 자격이 있지만 지금의 영광은 어떻게 하다보니 주어진 결과이다. 우연히 뭔가를 이루게 되는 경우가 파르시팔에게는 얼마나 자주 일어났던가! 파르시팔의 여정이 보여주듯, 의식 발전을 위해 꼭 필요한 단계들을 우연히 찾게 된다는 사실은 우리에게 큰 위안을 준다. 이런 일들이 일어나지 않았다면 이 세상에 존재하는 수많은 파르시팔들은 그저 단조로운 세상에서 각자에게 걸맞는 일을 하며 차츰 사람들의 망각 속으로 사라져갔을 것이다. 바보 중에 바보인 돈키호테도 기사로서의 그의 숭고한 여정을 순전히 말도 안 되는 허튼짓으로 이루어내지 않았던가.

삼일간의 축제가 절정에 달했을 때 섬뜩하게 생긴 추녀가 등장한다. 갑자기 축제의 열기가 싸늘하게 식는다. 추녀는 늙은 노새를 타고 나타났다. 노새는 네 다리를 모두 절고 있다. 그녀는 검은 머리를 두 갈래로 땋았고 손과 손톱이 쇠처럼 까맣다. 감은 눈은 쥐 눈처럼 조그맣고, 코는 유인원이나 고양이 같으며, 입술은 당나귀나 황소 같다. 수염이 난데다 가슴은 앞뒤로 튀어나오고 허리와 어깨는 나무뿌리처럼 뒤틀려있다. 궁정에 이런 추녀가 등장했던 적은 이전에도 이후에도 없었다.

추녀의 임무는 잔치의 화려함에 가려진 다른 측면을 노출시키는 것이다. 그녀는 그 임무를 훌륭하게 수행한다. 파르시팔이 저지른 모든 죄와 멍청함을 읊어댄다. 그중에서도 제일 큰 실수는 성배의 성에서 올바른 질문을 하지 못한 것이다. 방금 전까지 하늘에 닿도록 칭찬이 늘어졌던 파르시팔은 나락으로 떨어진다. 아무 말도 하지 못한 채 초라하게 서 있을 뿐이다. 해가 뜨면 지듯이 남자의 성취감이 극치에 달하는 순간 슬며시, 또 어김없이 이 추녀가 등장한다.

한 남자의 성취도와 추녀가 지니는 힘 사이에는 묘한 상관관계가 있다. 성취한 것이 많으면 많을수록 더 많이 고통받고 더 초라해진다. 바깥세상에서 얼마나 많은 명성과 존대를 받느냐에 따라 남자의 열패감과 무의미함의 정도가 결정되는 듯하다. 언뜻 생각하기로는 남성이 성취한 과업이 삶의 무의미함을 느끼지 않도록 방패막이가 되어줄 것 같지만 실제로는 그렇지 않다. 크게 성공한 남성일수록 스스로의 가치와 삶의 의미에 대한 질문을 할 가능성이 높다. 흔히 '영혼의 어두운 밤'이라 부르는 이런 상태는 새벽 두세 시까지 뜬 눈으로 밤을 밝히게 만든다. 누군가 '이 영혼의 어두운 밤'에 있을 때를 늘 새벽 2시라고 침울하게 말했던 적이 있다.

추녀는 의심과 절망을 전하는 전령이다. 그녀는 중년의 지적인 남자 그 누구에게나 찾아와 파괴하고 망가뜨리는 성질이 있다. 삶의 운치는 사라지고 해답 없는 질문들이 그를 괴롭힌다. "사무실에 나가는 게 무슨 소용이람. 무슨 상관이 있다고. 그게 뭐 좋은 일이야. 왜?" 여자를 봐도 기쁘지 않고, 자식들은 버릇없이 굴거나 집을 나갔고, 휴가도 더 이상 아무 효과가 없다. 이제 막 삶에서 즐거운 것들을 누릴 시간과 여유가 생겼을 무렵, 그런 것들은 더 이상 아무 의미가 없다. 이것이 바로 추녀의 짓이다.

이 때즘 남성들은 추녀로부터 자신을 지켜줄 새로운 미

그림자
심리의 어두운 면. 자기의 그림자를 직면하여 자기 안에 통합하는 것이 성장을 위해서는 필연적인 과제이다.

녀를 찾아나서려는 강한 충동을 느낀다. 하지만 이 남성이 자신의 어두운 요소들과 먼저 화해하지 않는다면, 예전부터 알았거나 새로 만나는 미녀도 그 암울한 시간으로부터 남성을 구해낼 수 없다.

자신의 남성이 이런 어두운 시간을 보내고 있을 때 조용히 있을 수 있는 여자가 있다면 그건 그녀 내면의 비범함 덕이다. 이런 자세를 지닌 여성은 자기 스스로를 보호하게 되는데 왜냐하면 남성은 이런 순간 쉽사리 추녀의 이미지를 가까이 있는 여성에게 투사할 수 있기 때문이다. 이 때 여성이 남성에게 해줄 수 있는 가장 큰 배려는 조용히 자기 자리를 지키는 것이다.

진정제를 손쉽게 남용하는 요즈음 시대에 추녀의 등장은 피해야 할 대상이거나 아니면 치료가 필요한 병으로 간주된다. 하지만 이런 방식으로 추녀가 지닌 어두운 면을 쉽사리 배격해 버린다면 추녀가 가져다줄 수 있는 진화의 기회를 포기하는 셈이다. 사실 이 어둠의 전령사는 궁정에서 '개별화'라는 너무나 심오하고 중요한 일을 수행한다. 추녀는 잔치에 참석한 기사들 하나하나에게 임무를 부여한다. 그 임무는 개개인 기사들이 혼자서 수행해야 한다. 그 이전에 기사들의 임무는 공동으로 이루어졌다. 즉 기사들이 용을 무찌르거나 함락된 성을 구하러 갈 때는 늘 단체가 아니면 적어도 짝을 이루어 나갔다. 추녀가 방문한 이후 주어진 임무는 개인적이고 고유한 것들이다. 이제 기사들은 뿔뿔이 흩어져 각자의 길을 찾는다. 자신의 탐색 과정에서 부닥치는 전투를 혼자서 고독하게 치뤄야 한다. 집단이나 단체로 문제를 해결하는 방식은 여기서 중단된다. 이런 기본적인 자세의 변화를 위해서는 추녀가 하는 말에 귀 기울이는 것이 유일한 해결책이다. 인간은 결국 혼자이며 고유한 존재로 고독한 탐색의 길에 있다는 사실을 알게 된다면 추녀가 몰고 온 어두운 시간에서 벗어날 수 있다.

심리적으로 모든 고통이나 행복은 상대적이다. 자신의 여정이 고독한 것임을 받아들이면 어떤 비교도 불필요해진다. 모든 사물이 그냥 자기 자리에 '있는' 실존적인 세계에 남게 된다. 이순간 일반적으로 말하는 행복도 불행도 사라지며 법열의 상태를 맛본다. 이것이 추녀가 주는 선물이라고 인정하기엔 뭔가 석연치 않지만 추녀 외에 이토록 숭고한 선물을 전해주는 다른 전령은 없다. 중세에 '고통이 구원의 지름길'이라 표현했던 작가는 아마도 이런 사실을 잘 알고 있었던 것 같다.

추녀에게 경의를 표하고 그녀가 지닌 탐색의 본질에 대한 새로운 견해를 받아들이는 것은 인생의 후반부에서나 시작된다.

파르시팔은 성배의 성을 두 번째로 찾아가는 것이 자신에게 주어진 새로운 임무라는 사실을 추녀에게서 배운다. 파르시팔은 이 꿈의 세계를 찾기 전까지는 하룻밤도 같은 자리에서 보내지 않을 것이라 맹세한다. 추녀는 성배의 성에서 성배를 찾으려면 기사들이 순결해야 된다는 사실을 상기시키고는 절뚝거리는 노새를 타고 사라진다. 그녀는 자신의 임무를 완수한 것이다.

여러 번 되풀이 하지만, 여정에서 반드시 지켜져야 할 순결은 육체를 가진 여성과는 아무런 상관이 없다. 여정에서의 순결은 나름대로의 법칙이 있고, 그 나름의 지성이 요구된다. 이 탐색에서 남성이 지켜야 하는 순결이란 무드로 인해 내면의 여성 즉 아니마를 유혹하지도 또 아니마의 유혹을 당해서도 안 된다는 의미이다. 파르시팔(그리고 영문판 성배 전설에 나오는 갈라하드*)을 제외한 다른 기사들은 이 탐색에 실패한다. 살아가는 동안 여러 번 실패를 경

---
* 갈라하드 : 성배의 기사 중 가장 순수하고 고결하다고 알려져 있다. 자신의 열정과 감정을 통제하고 오직 성배만을 추구했다는 전설적이고 신비스런 기사이다.

험하지만, 진실하고 온전한 탐색을 하기 위해서는 의식(파르시팔)이 필요하다는 것을 말하고 있다. 완벽이나 좋은 점수가 요구되는 것이 아니다. 의식이 필요하다.

7 | 성배를 향한 기나긴 여정
The Long Quest

| 시계 미궁 |
한시적인 인간의 삶에서 어느 방향으로 틀든지
항상 중심을 향한다는 의미를 내포하며,
궁극적인 자궁으로의 귀항을 상징한다.

7

 파르시팔은 이 여정에 여러 해를 바친다. 대부분의 전설에는 20년으로 되어 있다. 그는 점점 비참해지고 환멸을 느낀다. 그토록 사랑하던 블랑시 플레르로부터 점점 더 멀어져가고 이제는 검을 휘둘러야 할 이유조차 잊어버린다. 움직여야 할 이유나 기쁨이 서서히 사라져간다.

 중년의 남성에게 이 때는 건기에 해당된다. 자신이 왜 기능하는지 점점 더 모르겠고 누군가 삶의 의미에 대해 물으면 모호하게 얼버무린다.

 파르시팔은 길에서 떠돌고 있는 남루한 순례자들 무리와 마주친다. "주님이 돌아가신 날 그렇게 완전무장을 하고는 도대체 뭘 하고 있는 거요? 오늘이 성금요일이란 것도 모르는 게요? 우리와 함께 숲 속의 은둔자에게 가서 고해하고 부활절이 되기 전에 죄의 사함을 받읍시다." 갑자기 파르시팔은 암울한 백일몽에서 깨어난다. 영감을 받아서라기보다는 관성에 의해 순례자들을 따라 늙은 은둔자에게로 간다.

내면의 은둔자(The Hermit within)

우리 본성에서 은둔자는 아주 내성적인 면이다. 오래도록 바로 이 순간을 기다리며 내면의 구석진 자리에서 에너지를 비축하면서 기다려왔다. 생의 전반기에는 대개 외향적인 것이 주도한다. 이것이 옳기도 하다. 하지만 외향성이 제때 제값을 하고나면 그 다음 단계의 진화를 위해서 내면 깊숙한 곳에 있는 은둔자에게 귀를 기울여야만 한다. 우리 문화에서 이런 것이 제대로 안되고 있기 때문에 다음 단계로 나가기 위해서는 어떻게 내향적인 본성에 귀를 기울여야할지에 대해 아는 사람이 드물다. 현대인이 내면의 내향적인 본성을 만나는 경험은 병에 걸리거나 사고를 당하거나 혹은 마비가 일어나는 등으로 인해 어쩔 수 없는 상황에서 하게 된다. 은둔자는 고귀한 인물이다. 존경심과 위엄을 가지고 접근하면 제대로 대접을 받을 것이다. 그러나 사고나 질환 등으로 억지로 은둔자 앞에 끌려가면 위엄이나 존경심을 갖추지 못할 수도 있다. 그러나 어떻게 해서든, 위엄이 있건 없건, 여정 중에 한동안은 은둔자와 함께 지내야 한다.

은둔자에 대해 다루기 전에, 은둔의 본성이 너무나 강해서 이것이 자신의 주된 성격인 사람들을 위해 잠깐 얘기할 필요성을 느낀다. 흔하지는 않지만 타고난 은둔자가 있다. 대단히 내향적인 이런 영혼들은 그들이 가장 필요한 결정적인 순간에 인류에게 봉사할 수 있도록 에너지를 저장한다. 상징적으로 표현해서, 이들은 숲 속에 홀로 남아있어야 된다. 이런 사람들 중에 적기사는 극히 드물다. 월계관의 승리에 대해서 아는 바도 별로 없다. 현대사회가 이런 사람들에게 해주는 격려나 혜택은 거의 없다. 이들은 대개 외롭고 고독한 삶을 산다. 하지만 본인 스스로나 주변 사람들이 삶의 다음 단계로 전환하기 위해서는 이들의 천재성이 절대적으로 필요한 날이 온다. 이들이 이러한 가치를 스스로 인식하고 있다는 사실만으로도 보호막이 된다. 부디 자기 내면의 은둔자적 기질에도, 또 주변에 있을 타고난 은둔자들에게도 친절하시길. 자기 자녀가 타고난 은둔자형이라면 자녀에게 적기사의 경험을 강요하지 말고 스스로 숲 속의 길을 찾도록 내버려 두라.

은둔자와 함께 있는 동안 파르시팔은 추녀와 있을 때와 유사한 경험을 한다. 파르시팔이 채 한마디도 하기 전에 늙은 은둔자는 투시안으로 파르시팔의 잘못과 실수를 길게 나열하며 꾸짖는다. 이 때 다시 한번 확인이 되는데, 그가 저지른 최고의 잘못은 성배의 성에서 치유의 질문을 하지 못했던 것이다.

하지만 은둔자는 금세 온화해지고, 파르시팔에게 길을 안내한다. 잠시 걸어내려가다 왼쪽으로 틀어 들림다리를 건너라고 가르쳐준다. 성배의 성은 늘 그렇게 가까이 있다. 위에서도 언급했듯이, 일반적으로 청소년기 중반이나 중년의 나이에 쉽게 열린다.

크레띠앙(Cretien)이 지은 장엄한 시는 여기서 멈춘다. 혹자는 작가가 여기까지 쓴 다음 죽었다고도 하고 혹자는 원고 일부가 분실됐다고 추측한다. 내 생각에는 작가가 더 이상 할 얘기가 없어서 이쯤에서 멈춘 것 같다. 집단무의식에서 표출된 이 위대한 신화가 이 정도의 진화를 했을 때 작가는 더 이상 할 말이 없어서 겸손하게 멈춘 것이라 생각한다. 집단적으로 말할 때, 오늘날도 이 이상으로는 신화가 진전되지 않았다고 생각한다. 이 신화는 완성되지 않은 채 우리 각자에게 남겨졌다. 그러나 신화의 힘이 사라진 것은 아니다. 이 신화는 에너지가 넘치고 앞으로 더 많은 작업을 할 필요가 있다. 진정으로 기사가 되기를 염원한다면, 미완성으로 남겨진 이 신화를 내면세계에서 스스로 진전시켜 보라. 우리 모두는 파르시팔이고 파르시팔의 여정은 곧 우

장미 십자가
마음을 중심으로 모아주는 십자가 만달라.

리의 여정이다.

여러 작가들이 이야기를 끝내려고 시도해 보았다. 그러나 별로 성공을 거두지는 못했다. 파르시팔이 두 번째로 성배의 성을 찾아가게끔 신화를 전개해 보자.

성배의 성은 늘 저기 길모퉁이에 있다. 겸손하고 바른 심성을 가진 사람이라면 누구라도 이 내면의 성을 찾을 수 있다. 파르시팔의 경우 20년을 떠돌아다니면서 오만함을 씻어낸 뒤에야 비로소 성을 찾을 준비가 된 것이다.

다시 찾은 성배의 성(The Second Grail Castle)

바로 저 아래로 내려가 왼쪽으로 돌아, 말의 뒷발굽을 탁 치며 닫히는 들림다리를 건너라. 성배의 성으로 들어가는 데는 높은 수준의 의식전환이 필요해서 항상 위험이 뒤따른다.

파르시팔은 지난번과 똑같은 행렬이 지나가는 것을 본다. 아리따운 처녀가 예수의 옆구리를 찌른 검을 들고 나오고, 다른 처녀가 최후의 만찬을 차려낸 성반을, 또 다른 처녀는 성배를 나른다. 상처 입은 어부왕은 자기 자리에서 죽음과 삶 사이를 오가며 신음하고 있다.

참으로 놀랍게도, 이제 20년이란 세월의 원숙함과 경험을 쌓은 파르시팔이 인류에게 가장 크게 기여하는 질문을 던진다. "성배가 누구를 위해 존재하는가?"

이 얼마나 이상한 질문인가! 도무지 무슨 말인지 현대의 우리들은 알아들을 수조차 없다! 그러나 본질적으로 이 말은 우리가 던질 수 있는 가장 심오한 질문이다. 인간 정신의 구심점은 어디인가? 혹은 인간의 삶에서 의미의 중심은 어디인가? 우리가 알아들을 수 있는 말로 바꾸자면, **내**가 구심점이다; **내** 삶을 향상시키기 위해 일한다. **내** 목표를 이루려고 일을 한다; **내** 자신을 성장시키고 있다; **내**가 뭔가 가치 있는 사람이 되려고 한다; 혹은 가장 흔한 표현을 빌면, **내** 행복을 찾고 있다고 대답한다. 바꾸어 말하면, 성배가 **나**를 위해 존재한다는 말과 다름없다. 이 자연의 풍성함과 세상의 모든 것을 쏟아내는 위대한 여성성-공기와 바다, 동물, 기름, 숲, 세상의 모든 생산력-이 모두 나를 위해서 존재하기를 원하는 것이다.

질문이 채 끝나기도 전에 성벽이 흔들리며 대답이 들린

다. "성배는 성배왕을 위해 존재한다." 다시 한번, 모호한 대답이다. 설명을 붙이자면, 이는 삶이란 그리스도인들이 하나님이라 부르는, 융이 참 나(the Self)라 부르는, 우리가 우리의 자아를 넘어선 더 큰 무언가를 지칭하기 위해 만든 수많은 다양한 이름으로 부르는, 그 존재를 위해 성배가 존재한다는 뜻이다.

덜 시적이긴 하지만 이해하기는 더 쉬운 표현이 있다. 융은 '일생이란 자아에서 참 나로 심리의 구심점을 옮겨가는 것'이라고 표현한다. 융은 이 과정을 인간이 일생토록 해야 할 과업이자 또 인간이 하는 모든 노력의 중심에 존재하는 의미로 보았다. 파르시팔은 자신이, 심지어 자신의 작은 왕국이 더 이상 우주의 중심이 아니라는 사실을 배우는 순간 그는 소외에서 벗어나 성배의 성에 가까이 다가갈 수 있게 된다. 앞으로 그의 삶이 얼마나 더 성배의 성을 들락날락하게 될지 모르지만 더 이상 성배의 성이 그에게 낯설지만은 않게 될 것이다.

더욱 놀라운 사실은 상처 입은 어부왕이 치유되어 환희에 가득 차서 자리에서 일어서는 것이다. 기적이 일어났다. 그의 치유에 대한 전설이 마침내 이루어진 것이다. 바그너의 오페라 파르시팔에서 상처 입은 어부왕이 이 순간 힘차게 일어나 힘과 강인함이 넘치는 장엄한 노래를 부른다. 여기가 바로 이야기의 절정이다.

그럼 들어본 적도 없는 이 어부왕은 과연 누구인가? 그는 이 영지의 진정한 왕이다. 성배의 성의 한가운데 살고 있다. 그는 성체와 성배에 든 포도주만을 먹고산다. 그는 신이 인간으로 화하여 신성이 지상에 표현된 인물이다. 융식으로 표현해 그가 바로 참 나이다. 우리들이 준비가 되어 있고 일관성 있게 질문을 할 때 비로소 이 내면의 중심에 대해 듣게 된다는 사실을 겸허하게 받아들여야 한다.

인생의 목적은 행복이 아니라 신 혹은 성배를 섬기는 것이다. 성배 탐색은 결국 신을 섬기는 일이다. 우리가 이 진실을 이해하고 삶의 의미가 개인의 행복이라는 어리석은 생각을 버린다면 잡기 어려운 성배가 바로 우리 손안에 있음을 알게 된다.

같은 모티프가 톨킨의 현대신화인 ≪반지 원정대(The Fellowship of the Ring)≫에도 등장한다; 반지를 착취하는 이는 힘을 잃게 된다. 성배신화에서 힘의 근원은 신의 대리자에게 있다. 톨킨의 신화에서는 반지가 세상을 멸망시키려는 악의 손으로부터 원래 생겨난 땅으로 되돌려진다. 이전의 신화들은 힘이 발견되고 그 힘이 땅에서 나와 인간의 손으로 옮겨지는 방향으로 진행되었다. 현대의 신화들은 우리가 스스로를 멸망시키기 전에 힘의 근원을 지구 혹은 신의 손에 되돌려주는 것을 얘기하고 있는 듯하다.

이 신화에서 특별히 주의를 기울일 필요가 있는 부분이

하나 더 있다. 그것은 파르시팔이 질문을 던지기만 한다는 사실이다. 대답이 필요 없다. 해답이 없는 수수께끼를 풀어보려 애쓰면서 자신의 지적 능력에 대해 한계를 느끼고 낙담하는 순간, 자아(ego)의 목표는 의미가 제대로 내포된 질문을 정확하게 던지는 데에 있지 그 대답까지 알 필요는 없다는 사실을 기억하라. 질문을 제대로 던지면 답은 이미 찾은 것과 같기 때문이다.

성배의 성에서 탄성이 터져나온다. 성배가 들려 나오고 상처가 나은 어부왕과 모든 사람들이 함께 음식을 나눈다. 이제 성배의 성에는 완전한 평화와 환희 그리고 행복이 넘쳐흐른다.

이런 딜레마가 있을까! 성배에게 행복을 달라고 요청하면 행복을 불가능하게 만든다. 하지만 성배와 성배왕을 바로 섬기면 저절로 주어지는 것이 행복이다. 이 말장난 안에 그 말의 정의가 포함되어 있다.

동일한 주제를 선불교의 '십우도'에서도 발견할 수 있다. 십우도는 한 화공에게 깨달음으로 가는 단계를 그려보라고 해서 나온 일련의 그림들이다. 첫 번째 그림에, 어린 영웅이 소(자기 내면의 본성)를 찾는다; 두 번째 그림에, 그는 소의 발자국을 본다; 세 번째, 소를 본다. 아홉 번째 그림으로 가면, 이 영웅이 소를 길들여 아주 평화로운 관계를 맺는다. 소 등에 앉아 조용히 주변 경관을 둘러본다. 이 때 질문이 떠오른다 – 개울물이 흐르는 것을 지켜보라. 시들어도 아무도 모르고, 꽃들은 선명하게 붉은데 – 이 모든 것이 누구를 위한 것인가? 작가 모쿠센 미유키(Mokusen Miyuki)가 표현하기로는 문자 그대로 '개울은 저절로 흐르고 꽃들은 저절로 붉다'라고 한다. 중국어에서 '저절로'라는 뜻을 가진 쯔(zi, 自)가 도교에서 복합어 '자연'으로 쓰인다. '자연스러움'이란 말은 내면과 외면에서 자연의 창의성과 자발성이 저절로 일어남을 의미한다. 다시 말해서 자연은 심리에서 표현하듯 자기실현의 살아있는 실체이다. 다른 말로 자연은 스스로를 드러내는 참 나의 창의적인 욕구로도 볼 수 있다.

이들 일련의 그림은 열 번째에 이르러 절정에 다다른다. 이제 영웅은 완전히 평온한 모습으로 마을 길을 걷고 있다. 아무도 그를 알아보는 이가 없다. 그가 지나갈 때 나무들이 갑자기 꽃을 피우는 것 외에는 특별하게 보이는 게 하나도 없다. 선불교와 같은 다른 전통들에서 개울물이나 장미가 붉은 이유에 대해 질문하는 것을 숙고해보면 생의 의미를 더 잘 이해하게 될 것이다.

한 세기 전에 프랑스인 알렉시스 드 또끄빌(Alexis de Tocqueville)이 미국에 와서 미국적인 삶의 방식에 대해서 날카로운 지적을 한 바 있다. 그는 미국은 헌법 첫머리에 행복추구라는 아주 잘못된 생각을 가지고 있다고 했다. 행복을 추구하는 것은 곧 행복과 멀어지게 하는 것이기에 아무도 행복을 추구할 수 없다. 정신의 구심점을 자기 외부의 더 큰 어떤 것으로 이동시키는 일을 하다보면 행복은 그 결과 저절로 주어진다.

우리는 이제 막 성배에 관한 질문을 하기 시작했다. 나무를 잘라내고 토양을 황폐하게 하고 펠리칸을 죽일 권리가 우리에게 있는가? 그 대답도 점점 더 분명해지고 있다. 그 질문의 첫 번째 음절이 들리기 시작한다.

처음에는 순진한 바보가 우연히 성배의 성으로 흘러 들어갔다. 그러나 두 번째는 스스로 그 길을 찾아내어야 한다. 이 오래된 신화를 우리가 제대로 이해한다면 오늘날 우리 삶에 도움이 되는 현명한 충고를 그 속에서 찾을 수 있을 것이다.

|옮긴이의 글|

조셉 캠벨은 신화를 영적 여정의 안내도(spiritual guide map)라고 했다. 이는 앞서 탐험한 이들이 자신들이 체험한 경이로운 세계에 대한 지도를 제공함으로서 이 세계를 탐험하려는 수많은 사람들에게 방향을 가르쳐준다는 의미이다. 이 말을 가장 실감나게 하는 책이 바로 존슨의 ≪He≫이다.

이 책은 '성배신화'를 통하여 파르시팔이란 한 남성영웅의 개별화(individuation) 과정을 다루고 있다. 한 소년이 성장하면서 거치게 되는 단계적 과제에 대해 이미지-언어를 제공하고 그 의미를 설명해 나간다. 여기서 우리는 몇 가지 의문을 가질 수 있다.

성배나 기사 이야기는 다소 낯설고 서양적이다. 사실 성배신화는 서구사회를 지탱해온 사상과 심리와 영성을 탄생시킨 바탕이었다. 그렇다면 12세기 서양에서 등장한 이 신화가 현대의 남성심리와 무슨 관계가 있을까? 또 이 오래된 신화가 21세기를 살아가는 우리들의 영적 여정의 안내자가 되어줄 수 있을까?

책을 읽어 내려가다 보면, 일평생 성배의 성을 찾아다니는 파르시팔의 모습에서 도를 구하러 길을 떠나는 동양의 수많은 구도자들의 모습이 연상된다. 또 명상수련이나 워크샵 등 각종 영성 강화 프로그램을 찾아다니며 영적인 목마름을 해소하려는 우리들의 자화상도 떠오른다. 그 이유는 신화에 등장하는 성배의 성이나 성배, 어부왕, 그리고 수많은 아리따운 처녀들이 모두 원형적 이미지(archetypal image)이기 때문이다. 이 이미지는 시공을 초월하여 보편적으로 공명한다. 굳이 성배의 성이라 이름 짓지 않더라도 삶 자체가 궁극적 진리나 자기발견을 위한 탐색의 여정(quest)이다. 여정의 도달점은 은유적으로 표현될 수밖에 없다. 그러므로 성배나 어부왕은 12세기 서양의 언어로 표현되었을 뿐 보편적 현상을 다루고 있기 때문에 오늘날 우리에게도 적용된다. 인간의 궁극적인 관심이나 성장의 과제도 본질적으로 달라진 것이 없기 때문이다.

신화는 새 시대가 시작될 즈음에 먼저 탄생하여 앞으로

전개될 시대의 징후를 예견하고 그 해법을 암시하는 상징을 제공한다. 저자는 12세기를 현대의 태동기로 보았다. 그리고 현대의 도래와 함께 성배신화가 탄생한 것이라고 생각했다. 따라서 이 시대를 살아가는 현대인들이 태동기에 등장한 무의식적 표현을 탐구하는 것은 시대의 징표를 읽어내는 데 도움이 될 것이다.

여기 상처로 신음하는 어부왕이 있다. 원형적인 왕의 이 상처는 모든 현대인이 겪고 있는 집단적 상처를 대변한다. 이 상처를 치유하기 위해 파르시팔이 영웅적 여정을 시작한다. 파르시팔의 기나긴 여정의 동기가 어부왕의 상처라는 점은 시사하는 바가 많다. 불어에서 상처와 은총은 같은 어원에서 비롯되었다. 상처란 구원을 향한 쉼 없는 탄원이고, 자신의 상처를 이해하는 것이 진정한 은총의 삶인 소명을 발견하는 한 방법이기도 하다. 어부왕의 상처를 치유하기 위한 파르시팔의 여정은 현대인이라면 누구나 걷고 있는 구원의 길이다. 또 진정한 구원의 해법이 바로 이 신화에 암시되어 있다.

파르시팔의 여정의 종착지이자 어부왕의 상처를 치유하기 위한 해답은 성배이다. 성배는 여성성의 대표적인 상징이다. 현대인의 상처를 치유하려면 궁극적으로 몸, 여성, 자연, 지구를 함께 묶는 여성적이고 자연적인 것의 통합에 의해서만 가능하다. 이런 맥락에서 이 신화는 현대인의 구원의 해법을 구체적으로 제시해준다. 여성성의 회복과 그 가치에 대한 인식, 여성성의 진정한 힘을 발견하는 것이 우리 시대의 최대 과제이다. 이 시점에서 남성성을 이야기한다는 것이 시대착오적으로 여겨질 수도 있다. 남성 중심의 사회에서 모든 것이 남성적이고 남성성을 드러내는 것이 아니냐고 반문할 수도 있다. 그러나 가부장적 사회는 왜곡된 남성성의 한 표현일 뿐 결코 건강하고 자연스러운 남성성을 대변하는 것이 아니다. 이런 사회에서는 여성뿐 아니라 남성도 피해자이며 그러기에 그 누구도 건강할 수 없다.

분명 남성 이미지는 진화해 가고 있다. 더 이상 마초(macho)가 힘 있고 멋스러운 것으로 간주되지 않는다. 화장을 하고 어여쁨을 뽐내는 '여성화'된 남성 이미지가 대중화 되었다. 그러나 마초나 예쁜 남자가 남성성의 진정한 힘을 드러내는 것일까? 여성성의 힘과 본질은 아직도 탐구해야 할 주요한 이슈이며 그 논의는 몇 십년 전에 이미 시작되었다. 그러나 남성성의 본질에 관한 이야기는 이제 막 시작단계이다. 건강하고 성숙한 사회는 진정한 여성성과 남성성을 자기 안에서 발견하고, 이해하고, 드러내는 남녀 구성원이 함께 만들어가는 사회라 생각하기에, 이 책 ≪He≫가 남성성의 진정한 힘과 신비를 탐색하려는 노력을 자극하게 되기를 희망한다.

존슨의 많은 주옥 같은 책 가운데 맨 먼저 출간된 이 책

≪He≫가 단연 그의 대표작이라 생각된다. 그의 삶을 간략하게 잘 집약하고 있고, 무엇보다 이 책이 그의 체취를 가장 강하게 품어내기 때문이다. 본문에서 고백하듯 존슨은 성배신화를 자기의 신화로 그리고 파르시팔의 여정을 자신의 여정으로 동일시한다. 그는 11살 때 성배의 성을 체험했다. 인도를 덮친 차량에 깔려 그의 한쪽 다리가 완전히 부스러졌다. 페니실린이 없던 시절 이런 심한 상처는 곧 죽음을 뜻했다. 병원에서 삶과 죽음의 경계를 넘나들던 순간, 그의 눈앞에 "황금빛 하늘(Golden Heaven)"이 열렸다. 열한 살 소년이 감당하고 이해하기엔 너무도 강렬한 이 비전은 세상의 어떤 아름다움과도 비교할 수 없는 형언하기 어려운 환희와 신비, 장엄함 그 자체였다. 이후 존슨의 삶은 이 천상적 아름다움을 추구하면서 동시에 지상의 삶과 균형을 이루려는 처절하게 외롭고 고독한 것이었다. 중년의 어느 날 인도의 한 호텔에서 이 황금빛 하늘이 다시 한번 눈앞에 펼쳐졌다. 존슨이 오랜 세월 갈구해왔던 성배의 성을 되찾는 순간이었다.

≪He≫는 성배신화와 융 심리학적 통찰을 씨실과 날실로 삼아 섬세하게 짜놓은 한 장의 고운 천이다. 존슨은 신화를 자르고 다듬고 살을 붙이지만 결코 주관적 해석과 자기 견해에 치우쳐 이미지를 죽이는 어리석음을 범하지 않는다. 존슨은 800년 전에 탄생한 성배신화가 그의 내면에

서도 뚜렷이 살아있는 실체임을 증거한다. 존슨의 풀이는 성배신화라는 정교하게 그려진 영적 안내도 위에 나침반 하나를 얹어주는 듯하다.

　우연히 발을 들여놓은 성배의 성 체험을 평생 잊지 못하는 사람들을 위해, 뭔가 심오한 세계가 있으리라는 원초적인 희구는 있지만 어디로 나아가야할지 막연한 사람들을 위해, 이 물질만능 세상에 은둔자의 운명을 묵묵히 살아가는 사람들을 위해, 또 성공신화를 꿈꾸며 앞도 뒤도 돌아볼 여력이 없는 사람들을 위해, 그리고 휑한 눈망울로 콘크리트 건물 사이를 떠도는 수많은 파르시팔을 위해, 존슨이 선물로 주는 나침반을 이용해 성배의 성을 찾을 수 있기를 기원한다.

|용어 해설|

• **개성화**(Individuation)

개개인이 가지고 태어난 원형적 잠재력을 온전히 성취하는 것을 개성화라 한다. 다시 말해 한 사람이 진정으로 자신이 누구인가를 발견하는 자기실현이다. 성경에서 고래의 뱃속으로 들어가는 이미지나 지하세계로의 여정 혹은 삶과 죽음의 드라마 등으로 표현된다. 개성화가 사람들의 삶을 진정으로 의미있게 만들어준다.

• **그림자**(Shadow)

모든 사람의 심리에 존재하는 원형적 측면으로 개인의

그림자와 집단적, 원형적 그림자로 구분된다. 개인의 그림자는 개인 심리에 존재하는 어두운 측면으로 유쾌하지 않고 받아들이기 어렵고 수치스러운 측면이다. 자신의 그림자를 직면하는 것은 고통스럽지만 자기 발전을 위해서는 필수불가결하다. 집단적 원형적 그림자에는 그 집단이 규정하는 공동의 적이나 악마 혹은 악의 이미지 등이 대표적인 것이다.

• **아니마**(Anima) / **아니무스**(Animus)

아니마와 아니무스는 개개인의 내면에 존재하는 반대되는 성의 이미지나 원리로 여성의 내면에는 남성성 아니무스가, 남성의 내면에는 여성성 아니마가 존재한다. 전인적인 인격이 되기 위해서는 여성성과 남성성이 균형 있게 발달해야 한다.

• **원형**(Archetype)

심리에 내재된 보편적이고 심오한 구조로써 전형적인 인간행위의 모든 잠재력이다. 마치 광물 결정이 형성될 때 그 결정축이나 체계는 눈으로 볼 수 없을지라도 결정의 모양과 특성을 형성하는 데 결정적인 영향을 미치듯이, 인간의 전형적인 행위도 어떤 기대된 패턴을 따르는데 이를 원형이라 부른다. 인간이 원형을 직접 알 수는 없으나 드러나는 영향을 통해 이해할 수 있는데 흔히 원형에 그리스 신들의 이름을 붙인다.

• 무드(Mood)

남성심리의 특질로 남성이 자기 내면의 여성에 압도되어 감정의 기복이 지나치고 비이성적인 행동을 보이는 상태. 좋은 무드에 휩싸이면 극단적으로 활력이 넘치고, 나쁜 무드에 사로잡히면 기분이 저하되고 지나치게 감상적인데 이 둘 다 위험하다.

• 자아(Ego)

융의 개념으로 자아는 인간의 의식이다. 마치 달이 지구로부터 분리되듯이 인간 발달과정에 무의식으로부터 자아가 서서히 탄생한다. 아이의 성장과정에서 주변환경의 요구에 대한 응답으로 자아가 발전하다가 점차 자아가 자치적이 되는 것과 같다. 자아는 주체와 객체, 긍정적인 것과 부정적인 것 등을 구분, 분화, 성찰하는 기능을 한다.

• 자기, 참 나(Self)

심리의 중심이자 전인격의 통일성과 전일성을 나타낸다. 강력한 인물, 즉 왕이나 여왕, 그리스도 등 수없이 다양한 이름으로 불리우는 신의 이미지로 표현되는데, 내면의 두 대극적인 요소들 사이에 평형을 이루고 심리적인 항상성(恒常性)을 유지하는 기능을 한다. 융은 개개인의 심리에서 참 나는 어떤 목표를 가지고 전개된다고 한다.

• **콤플렉스**(Complex)

융 심리학의 중심적인 개념의 하나로, 어린 시절 경험의 산물로 인해 감정적인 톤을 지니는 것이다. 이것은 이미 지난 기억이나 감정의 덩어리로 구성되어 있으며, 콤플렉스가 형성된 상태에서 자극을 받으면 사물을 왜곡되게 받아들인다. 주로 민담의 등장인물들이 각각의 콤플렉스들을 체현하고 있다.

Understanding Masculine Psychology

Understanding Masculine Psychology

Understanding Masculine Psychology

Understanding Masculine Psychology